Vergessene Frau

Anais C. Miller

W0346513

Du bist die Hure. Und die Männer zahlen. Mit Geld, Schmuck, Wertgegenständen aller Art. Aber sie zahlen. Das ist erbarmungslos ehrlich.

Die Prostitution ist eine notwendige soziale Institution der bürgerlichen Welt, ebenso wie Polizei, stehendes Heer, Kirche und Unternehmerschaft.

Vorwort zum Buch von Franzy F.

Anais C. Miller erreichten unzählige Nachrichten von Lesern meiner Biografie „Vergessenes Kind“, in denen ein Aufruf gestartet wurde, dass wir bitte weitermachen sollen. Ja, sie alle, die diese liebevollen Zeilen schrieben, möchten erfahren, wie es mit mir, Franzy F. nach meiner verkorksten und dunklen Kindheit weiterging. Die Menschen möchten erfahren, was aus mir wurde, nachdem ich den Kinderschuhen entwachsen war. Einige hoffen auf ein Happy End meiner Geschichte, andere lechzen nach dem Dreck, in dem ich jahrelang hausen und leben musste, dass sie dort noch ein wenig in meinen Wunden, von denen einige niemals heilen, herumwühlen dürfen. Meine Biografie hat sich bisher tausendfach verkauft. Sicherlich hat Anais C. Miller nicht den Bücherrekord gebrochen hinsichtlich der Verkaufszahlen. Wir befinden uns auch nicht in einem Wettbewerb, in dem es darum geht, wer das meiste Geld mit seiner Lebensgeschichte verdient. Nein. Es gibt jedoch unzählige Gründe, warum meine Geschichte gelesen wurde und warum ich möchte, dass sie gelesen wird! Einige Menschen dort draußen hungern eben gerade nach dieser Pornografie, in welche ich mein Leben eintunke wie einen Pinsel, den man in einen Eimer Farbe taucht, um sich später, wenn der Pinsel seine Arbeit verrichtet hat, an dem Ergebnis zu erfreuen. Sie schrieben Rezensionen zu meinem Leben, wie dreckig und abartig das doch alles sei, was ich erzähle. Ja! Mein Leben war das Allerletzte! Dreck, Abschaum und Perversität verfolgten mich jahrelang. Um dieses Leben, welches ich führte, in all seinen grausamen Facetten wahrzunehmen, als unbedarfter Leser, musste ich es so schildern, wie es tatsächlich war und ich es besonders als Kind empfunden habe. Es war brutal und kaltblütig. Unbarmherzig und unmoralisch. Dazu pornografisch und sexistisch. Jemand dieser Rezensenten schrieb, ein Schmuddelporno wäre mein Leben. Ja, das stimmt! Dieser Mensch, der sich lustig macht und abfällig über meine Biografie „Vergessenes Kind“ spricht, hat recht! So war es, mein armseliges Dasein! Ein schmuddeliges Pornodasein führte ich in der hintersten Ecke des menschlichen Abschaums.

Gut, der Dreck in dem ich aufwuchs, nicht jeder mag ihn glauben und mir abkaufen. Manchmal schließe ich die Augen und richte mein Gesicht der Sonne entgegen. Während ich atme, erinnere ich mich an all diese Dinge, die sich mein Leben nannten. Sie waren da. Grausamer und brutaler, als man sie jemals beschreiben könnte, fühlte ich sie Tag für Tag, Nacht für Nacht durch den Schlag meines Herzens. Die dunklen Dämonen, die Besitz von meiner Seele ergriffen.

Eines ist sicher. Diejenigen Leser, die in diesem Buch noch anwesend sind, um meine Geschichte weiterzuverfolgen, glauben mir. Abgesehen von den Menschen, die keinen Glauben an der Wahrheit dieser

Worte besitzen, jedoch meine Lebensgeschichte vielleicht als Wixvorlage nehmen, um sich an ihr zu befriedigen. Ausdrücke wie: „Auf dein Leben wichse ich Franzy“, hat es gegeben. Traurig aber wahr.

Wisst Ihr was? Das entsetzt mich nicht. In meinem Leben gab es kaum Menschen, die mir mit Achtung und Respekt begegneten. Ein Fußabtreter war ich für sie. Ein Stück Nichts, an dem sie sich ihren Dreck abrieben. Den Dreck des Lebens und den ihrer sexuellen Neigungen. Sie verfolgten mich in meinen Träumen mit ihren perversen Wünschen und ihrer abartigen Begierde von all den verbotenen Dingen, die sie mit mir trieben.

Während Anais sich über schlechte und gemeine Rezensionen ärgerte, blieb ich ruhig und gelassen. Ärger, Tumult und Anklage, all diese Dinge bin ich gewohnt. Ein dickes Fell habe ich mir wachsen lassen im Laufe meiner Lebensjahre. Allerdings habe auch ich einen Suizidversuch hinter mir. Ja, auch ich wollte aussteigen aus diesem Drama, das sich mein Leben nennt. Man fand mich jedoch rechtzeitig, bevor ich mich endgültig verpisst hätte. Sie sperrten mich weg. So sind sie die Menschen. Was oder wer sich nicht in ein Schema hineinzwängen lässt, wird ausgesondert, aussortiert oder weggeschmissen. Sie unterscheiden nicht, ob du Mensch oder Gegenstand bist, da machen Pfleger und Ärzte keinen Unterschied. Wer in der Psychatrie landet, wird behandelt wie ein kaputter Kühlschrank. Erst mal die

Lebensmittel rausnehmen, nachsehen was kaputt ist, das Dingen reparieren, Lebensmittel neu einsortieren und im Extremfall den Kasten auf den Müll schmeißen, wenn nichts mehr zu retten ist.

Anais und ich trafen uns also noch einmal. Wieder in unserem altbewährten Cafe.

Anais kam nicht mit dem Mustang vorgefahren, wie sie es versprochen hatte. Erzählte sie mir doch bei unserem letzten Treffen, dass ihr innigster Wunsch dieses Pony auf vier Rädern sei. Sie versprach, dass wir mit dem 317 Pferdestärken und einer supergeilen Musikanlage über die Autobahn fliegen. Mit dreihundert Sachen. Stattdessen kam sie mit einem klapprigen VW Kombi angefahren und lud ihre beiden Hunde aus dem Kofferraum. Bevor wir zur Sache schritten, drehten wir gemeinsam einen Fußmarsch mit Emma und Wüppke. Beides sehr liebe Wesen und in der Tat, sie entschädigten für das ausfallende Event des Mustangfahrens. An meinen eigenen Hund erinnerte ich mich. Remo war sein Name. Nun, auch ich war einmal vor langer Zeit Hundebesitzerin gewesen. Davon erzähle ich natürlich ebenfalls gern.

Anais fragte: „Was ist dein Wunsch, Franzy? Wenn meiner das Mustang fahren ist?“ Und so antwortete ich: „Eine Familie! So gern möchte ich eine Familie gründen und in Frieden leben bis an den Rest meiner Tage! In einem Häuschen im Grünen.“ Und dann… lachten wir beide. Wir glaubten uns in die Hosen pinkeln zu müssen vor Lachen. Liebe, Familie, ehrliche Männer, das Gefühl von Heimat… ach du grüne Neune. Das gibt es doch gar nicht! „Was nimmst du dann, wenn es die Familie nicht gibt?“, fragte Anais lachend, nachdem wir die Familie aufs Glatteis legten. „Das Meer, den Strand und ein Pferd. Einmal frei sein dürfen in meinem Leben und durch die Brandung galoppieren! Den Wind in den Haaren spüren und das Gefühl von Schwerelosigkeit und dem Stillstand der Zeit erleben!“ So gibt es drei Dinge, die Anais C. Miller und ich unbedingt zusammen erledigen müssen, solange wir leben. Einmal zusammen Mustang fahren, am Strand ausreiten, denn das ist unser beider Wunsch und wir möchten zusammen in ein Flugzeug steigen und nach Rumänien fliegen. Anais erzählte, sie sei in ihrem Leben noch nicht geflogen. Angst haben wir beide, mir ist ein Flugzeug auch nicht geheuer. Obwohl wir zwei die furchtlosen Supergirls sind, die sich mit dem Rest der Welt anlegen wenn es sein muss, lassen wir uns jedoch von keinen zehn Pferden ins Flugzeug bringen. Halten wir diese drei Dinge einfach mal fest und schauen, ob wir das mit der Zeit hintereinander bekommen. Mustang fahren, am Strand reiten und ins Flugzeug einsteigen. Anais ist eine tolle Frau. Ich mag sie. Vielleicht ein wenig zu viel… Wer mich kennt, der weiß dass ich es mit Männern und Frauen trieb…

Kapitel I

Alleinsein

Meine Mutter starb, da war ich Anfang zwanzig. Für den gewerblichen Puff war ich zu alt, zum Sterben zu jung. Im Herzen meiner Seele war ich noch ein Kind. Ein sehr zerbrechliches. All meinen Kummer hatte ich jahrelang in mich reingefressen. Festgesetzt hatte dieser sich irgendwo in meinem Körper, um mich eines Tages kaltblütig aufzusuchen und mich in die Knie zu zwingen. From Dusk till Down.

Familie hatte ich niemals besessen. Was man nicht besitzt, kann man nicht verlieren. Und doch stand ich plötzlich mutterseelenallein da. Selbst der Zuhälter meiner Mutter, der zu meinem Entsetzen mein leiblicher Vater war, hatte das Zeitliche gesegnet. Zu Paul hatte ich immer ein gutes Verhältnis gepflegt. Sein Tod war ein Schlag für mich. Zumal er kurz zuvor gestand, mein Vater sein zu können. Ein Vaterschaftstest bestätigte diesen Umstand zu 99,999 Prozent. Uns blieb jedoch keine Zeit. Weder Zeit der Freude, dass wir Vater und Tochter waren, noch die Zeit des Abschiedsnehmens, weil Paul erkrankte. Blitzschnell zogen einige Lebensjahre in meinem Kopfkino ihre Runden, während Paul gestand, dass er bald sterben müsste. Unzählig viele Fragen kreisten in meinem dröhnenden Schädel umher. Fragen, auf die ich keine Antworten fand.

Während ich mit knapp 15 Jahren vergewaltigt und anschließend kaltblütig auf die Straße geworfen wurde, war er daran beteiligt gewesen? Sein damals bester Freund Roland, für den ich eine Zeit lang in seinem Zoogeschäft arbeitete, er musste der Drahtzieher gewesen sein. Wusste meine Mutter, dass Paul mein Erzeuger war? Trug sie all die Jahre lang das Wissen in ihrem Herzen, dass ihre Tochter das Kind ihres Zuhälters war? Hätte ich Paul damals, kurz vor dem Tod meiner Mutter nicht aufgesucht, so hätte ich nicht einmal gewusst, dass er ein Maquereau war und seine Pferdchen am Laufen hatte. Für mich war Paul der harmlose Mann von nebenan und einer der vielen Freier meiner Mutter.

Nun waren beide tot. Meine Mutter und er. Das Bordell hatte mich rausgeworfen, weil ich zu alt für den Job war. In einer kleinen, aber feinen Wohnung saß ich nach der Beendigung meiner jugendlichen Prostitution. In meinen eigenen vier Wänden allerdings. Durch den Erbanteil, den Paul für mich hinterlassen hatte, konnte ich ein wenig das Leben genießen und musste mein Geld nicht gleich wieder mit der Prostitution verdienen, um meine Brötchen zu kaufen. Die Wohnung war bezahlt, sie gehörte mir. Ein sicheres Dach hatte ich bis zum Ende meiner Tage über dem Kopf. Ein schwacher Trost für all das Leiden, das hinter mir lag. Allerdings hatte ich niemals gelernt, mit Geld vernünftig umzugehen. In dem Bordell war es Elfriede gewesen, die mich die wichtigsten Dinge bezüglich meines verdienten Geldes gelehrt hatte. Sie war es ebenfalls gewesen, die meine Penunsen zusammenhielt. Am Ende des Monats zahlte sie mir ein wenig Taschengeld aus. Die Wohnung, das Essen und Trinken bekamen wir Mädchen gestellt. Das war ein Leben in wahrhaftigem Luxus, weil wir nichts zu befürchten hatten. Weder der Mangel an Hunger, noch ein warmes Bett hätten uns jemals Kopfzerbrechen bereitet. Während unzählige der Mädchen dort draußen auf dem Straßenstrich ihr tristes Leben fristeten und von den Zuhältern finanziell kurzgehalten wurden, fehlte es uns unter Elfriedes Obhut an nichts. Mit Anfang zwanzig allerdings durftest du gleich wieder gehen. Die Männer wollten blutjunge Mädchen. Am liebsten minderjährige Kinder. In der Stadt, in der wir lebten und anschaffen gingen, gab es spezielle Einrichtungen für das älteste Gewerbe der Welt. Da gab es den Puff, in dem nur die jüngeren Mädchen arbeiteten. Dann den, wo die ältere Generation unterwegs war und der, wo du alles durcheinandergewürfelt fandest. Jung und alt unter einem Dach. Elfriede hatte sich eben auf das absolute Frischfleisch spezialisiert. Sie mochte mich gern, ich war ihre kleine Franzy und sollte es für immer bleiben. Jedoch konnte sie keine Ausnahme machen. Gehen musste ich genauso wie die anderen. Für uns beide war der Abschied äußerst grausam und traurig. Schmerzhaft vor allen Dingen. Für mich. Elfriede war für mich so etwas wie meine eigene Mutter geworden und sie brach mir das Herz, weil sie mich fortschickte.

Oftmals saß ich allein in meiner Wohnung. Völlig verloren, desorientiert und wusste nichts mit mir anzufangen. In der obersten Etage wohnte ich. Ein Balkon mit einem wundervollen Ausblick gab es in der Wohnung, und ein großes Panoramafenster. Die Fensterbank war ungemein breit. Problemlos ließ es sich auf dieser stundenlang sitzen und träumen. Wovon träumte die kleine Franzy? Von Liebe, Freiheit und dem Gefühl von Heimat. Das war für mich immer sehr wichtig gewesen. Das Zugehörigkeitsgefühl. Zu wissen, wo ich hingehöre. Auch unter dem Begriff Liebe führte ich meine eigene Definition. Das habe ich bis heute beibehalten. Liebe hat und hatte für mich jedenfalls nichts mit Sex zu tun. Vom Sex war ich mittlerweile nur noch angewidert. Sex war mein Job und er hing mir zu den Ohren raus. All die Jahre lang. Tag für Tag. Mit diesem verdiente ich mein Geld so selbstverständlich, wie andere Menschen jeden Morgen mit der Straßenbahn zur Arbeit fuhren. Während der Zeit, in der ich einen großen Batzen Geld geerbt hatte, von meinem Vater, dem Zuhälter meiner Mutter, musste ich nicht zwangsläufig mehr anschaffen gehen. Eine Weile lebte ich in Saus und Braus. Kaufte mir lauter unnütze Dinge. VHS Recorder, einen Fernseher, einen Computer und andere Elektrogeräte, die ich nur selten benutzte. Das Gefühl, etwas zu besitzen, das sich nicht jeder leisten konnte, gefiel mir. Außerdem half ich Freunden in der Not. Eine gute Freundin von mir damals, ihr Name war Miriam, welche ich später kennenlernte, nachdem ich das Bordell von Elfriede verlassen hatte, war finanziell immer klamm und ständig pleite. Tag und Nacht posierte sie den Strich entlang und wartete geldgierig auf ihre Freier. Sie vögelte sich beinahe zu Tode. Ihr Zuhälter nahm all das Geld, das Miriam verdiente, eigennützig an sich. Für das Mädchen blieb nichts übrig. Miriam ging es schlecht unter der Obhut Andreas, ihrem Zuhälter, der sie täglich auf den Highway der Huren schickte. Sie bekam bei ihm nichts zu essen und nichts Vernünftiges zum Anziehen. Lediglich ihre Klamotten, mit der Andrea die Freier anlockte, trug sie am Leib. War sie mal nicht im Dienst, lief sie in einem ausgeleierten Trainingsanzug herum, von dem sie erzählte, dass ihr diesen einst ein Freier aus Mitleid gekauft hätte. Mit Miriam schloss ich Freundschaft, bevor ich das große Erbe antrat und selbst noch auf dem Straßenstrich unterwegs war, um mich finanziell über Wasser zu halten. Miriam war zu meiner engsten Vertrauten geworden. Weil ich bedingt der Erbschaft genügend Geld zur Verfügung hatte, bat ich Miriam, auszusteigen. Zu gern hätte ich sie von ihrer Not aus dem Rotlichtmileu befreit. Miriam hätte bei mir wohnen können. Eine WG unter zwei besten Freundinnen, davon träumte ich. Mit Engelszungen redete ich auf sie ein, mit mir zu kommen. Wie alle anderen Mädchen hinderte der Umstand ihrer Flucht sie mit nur einer Begründung am Ausbruch: Die Angst vor Andreas, ihrem Zuhälter. Dieser würde sie aufspüren und ihr das Fell über die Ohren ziehen, entgegnete sie meiner Bitte, mit mir zu kommen, um bei mir zu wohnen. „Er kann dir dort nichts tun, Miriam! Und wenn du dich immer wieder von ihm unterdrücken lässt, wird seine Macht über dich stärker und stärker!". Miriam nickte verzweifelt. „Ja, Franzy, du hast ja recht mit dem, was du sagst, aber ich hänge an meinem Leben und Andreas wird mir das Leben zur Hölle machen, wenn ich mit dir gehe!"

Jeden Tag schlenderte ich über den Straßenstrich. In der Hoffnung, Miriam zu treffen. Von alten Bekannten wurde ich angesprochen. Vielmehr, angemacht. Einige der Freier hatte auch ich über viele Jahre lang bedient und natürlich hatten sie mein Gesicht nicht vergessen. Wahrscheinlich nicht nur dieses.

„Franzy du kleines Luder! Lebst du auch noch? Wo steckst du denn? Hast es nicht mehr nötig, dich in den Arsch ficken zu lassen, oder was?". Das war die gängige Sprache auf dem Strich. Missmutig betrachteten diese lustgeilen Männer mit ihren gierigen Blicken meine Kleidung. Die Zeiten der Lederstiefel und hautengen Tops war vorbei. Einer der Männer griff an meine Brust. „Mal sehen ob du überhaupt die echte Franzy bist!", lachte er schäbig. Eine Ohrfeige gab ich ihm. Nein, ich hatte keine Angst vor den finsteren Typen, die nur eines im Sinn hatten: FICKEN! Auf offener Straße hätten sie sich nicht getraut, ein Mädchen handgreiflich zu züchtigen. Mein Zuhälter konnte in der Nähe sein. Dass ich gar keinen mehr hatte, das wussten die „Cowboys des

Highways“, wie ich die Freier nannte, ja nicht und es stand auch nicht auf meiner Stirn geschrieben. „Frech wie immer!“, fluchte der Typ, dem ich eine geschallert hatte für sein übles Verhalten, mir einfach an die Brüste zu grabschen.

Eines Tages fand ich Miriam im Hinterhof einer dunklen Straßenecke. Weinend und übel zugerichtet. Sie blutete aus ihrer Nase und ein Auge hatte man ihr blaugeschlagen. Hinter einer Reihe von Mülltonnen kauerte sie. Zitternd und verängstigt. Ein kleiner Junge, der mir zuvor über den Weg gelaufen war an der Straße, an dessen Rand die Mädchen posierten, weil ich dort Miriam suchte, führte mich zu ihr. „Sie braucht Hilfe!“, sagte er leise. Dann lief er fort. „Miriam“, was ist passiert?“. Entsetzt über Miriams Zustand beugte ich mich zu ihr und reichte dem weinenden Mädchen ein Taschentuch. Die verlaufene Schminke sollte sie sich wegwischen. Der Lippenstift war einmal quer über ihre Wangen verteilt, über die unaufhaltsam die Tränen der Verzweiflung rollten. Miriam antwortete nicht. Stumm und wortlos blickte sie mich an. Leere Augen. Der Tod war eingezogen in ihrer Seele. Angst, Verzweiflung und die Sehnsucht, sterben zu dürfen. In ihren aus Wehmut glänzenden Augen las ich, was geschehen war. Einer der Freier musste sie so zugerichtet haben. „Du kommst jetzt erst mal mit zu mir!“, drängte ich Miriam zum Aufbruch. Beherzt griff ich unter ihre Achseln und zog das wimmernde Mädchen vom kalten Teerboden. An

Susanne dachte ich. Jenes Mädchen, das damals von Freddy so arg zugerichtet worden war. Freddy, meine ehemals große Liebe. Mit Susanne sammelte ich vor einigen Jahren die ersten Erfahrungen einer gleichgeschlechtlichen Liebe. Wunderschön war es gewesen. Miriam erinnerte mich an Susanne. Zu gern hätte ich das Mädchen finanziell ausgehalten, um sie vom Straßenstrich zu locken. Vielleicht auch, weil ich mir eine sexuelle Annäherung erhoffte. Man könnte sagen, Miriam entsprach genau meinem Geschmack. Zu einer Frau fühlte ich mich jedenfalls intensiver hingezogen, als zu einem Mann. Wahrscheinlich lag es an meinem dreckigen Job, tagein, tagaus den Männern ihre Schwänze zu blasen. Die Nase von Männern hatte ich jedenfalls gestrichen voll. Vom Straßenstrich sowieso. Mit der finanziellen Rücklage musste ich mir zunächst keine Sorgen um meine Existenz machen. Zunächst…

Miriam spuckte Blut, während ich sie unter den neugierigen Blicken der posierenden Mädchen entlang über den Bordstein schleifte. Sie hustete und japste nach Luft. Ein Wagen hielt neben uns. Das dunkelgetönte Fenster wurde automatisch hinuntergelassen. „Seid ihr frei?“ Ein älterer Mann mit einer schwarzen Sonnenbrille musterte uns neugierig. „Hey, nach was sieht das hier aus, Opa?“, keifte ich. Der hatte ja wohl nicht mehr alle Tassen im Schrank. Miriam stand kurz vor dem Verrecken, und der Penner in seinem Porsche dachte ans Ficken. Typisch für die Freier. Schwanzgesteuert waren diese erbärmlichen Typen. Alle! „Hier ist jemand verletzt also verzieh dich!“, zeigte ich ihm mit einem bösen Gesicht meine Reißzähne. „Dann steigt ein, ich fahr euch!“ Der Sonnenbrillenmann streckte seinen Arm ein wenig aus um die Autotür zu öffnen. Skeptisch beäugte ich ihn. „Kommt, vertraut mir, wenn das Mädchen verletzt ist, fahre ich sie zum Hospital!“ Ohne noch länger zu überlegen, bugsierte ich Miriam in das Auto des fremden Mannes. Er machte auf mich einen anständigen Eindruck. Dass er uns ins Krankenhaus fuhr, kaufte ich ihm ab. In seinem Auto waren wir jedenfalls sicher vor Andreas, Miriams Zuhälter. Diesem hätten wir in jedem Moment in die Arme laufen können. „Sie können uns an der Kastanienstraße rauslassen!“, sagte ich leise, während der Wagen des fremden Mannes dahin rollte. Cool Water. Das ganze Auto roch nach diesem Aftershave, das ich so gern leiden mochte. Die alten Erinnerungen kletterten in mir empor und meine kleinen Härchen am Arm stellten sich auf. Mein Kopf dröhnte. Was war, wenn der Typ gelogen hatte und uns nicht zum Krankenhaus fuhr? Den Straßennamen nuschelte ich mehr oder weniger und dafür hatte ich berechtigte Gründe. „Wohnt das Mädchen dort?“ Der Typ schien tatsächlich um Miriams Gesundheitszustand besorgt zu sein. Kurz nickte ich. Dass in der von mir genannten Straße meine Wohnung war, brauchte der Typ nicht zu wissen. Hinsichtlich meiner Privatsphäre war ich ein gebranntes Kind. Niemand sollte wissen, wer ich war und wo ich wohnte.

Miriam brauchte einige Tage, um sich von ihren Blessuren zu erholen. In meinem Bett hatte ich ihr ein Lager errichtet. Mit Essen versorgte ich Miriam und mit liebevollen Worten umgarnte ich das Mädchen. Natürlich wusste ich nicht, ob sie Lust auf Sex mit einer Frau verspüren würde. In ihrem desolaten Zustand hatte sie sicherlich auf alles Lust, jedoch nicht auf eine Erwiderung meiner lustvollen Gefühle. Ob sie es bereits mit Frauen getrieben hatte oder diese Vorstellung vielleicht auch einer ihrer sehnsüchtigen Träume war, wusste ich ebenfalls nicht. Sobald sie bei Kräften wäre, würde ich sie fragen. Ja, ich würde sie ganz direkt fragen, ob sie es mit mir treiben wollte. Seit längerer Zeit fehlten mir Nähe und Zuwendung. Zärtlichkeit und Berührung.

Während ich Miriam versorgte und ihr beim Umziehen half, ihr ein Schlafshirt von mir gab, hatte ich ihren prachtvollen Körper einen Augenblick lang ansehen dürfen. Ihre Brüste waren wundervoll. Nicht zu groß, nicht zu klein, gern hätte ich an ihnen gespielt und sie mit meiner Zunge liebkost. In der Nacht legte ich mich zum Schlafen auf die Couch ins Wohnzimmer. Das Schlafzimmer überließ ich Miriam. Vor dem Einschlafen fingerte und streichelte ich mich, während ich an Miriam dachte. Verrückt war ich nach dem Mädchen. Gern hätte ich sie besessen. Als meine Leibeigene. Der Gedanke machte mich regelrecht wild. Mein sinnliches Begehren für den Körper Miriams und die Berührungen meiner

Finger an meinen eigenen erogenen Zonen ließen mich in einen wundervollen Orgasmus fallen.

Verschlafen wankte Miriam den nächsten Morgen in die Küche zum Frühstückstisch. Die zweite Tasse Kaffee hatte ich bereits intus und der Zeiger der Wanduhr kletterte unmerklich auf die Zahl zehn. „Guten Morgen!“, ächzte Miriam und frisierte mit einem Finger lässig ihre wirre Haarpracht. „Geht’s dir besser?“ Miriam nickte lächelnd auf meine besorgte Frage. „Ja, es geht langsam bergauf! Ich bin von den Toten wieder erwacht!“ Mit zittrigen Händen schmierte sie eine Stulle. „Du brauchst Dope, nicht wahr?“. Genau spürte ich, dass Miriam der Koks fehlte. „Hast du was im Haus?“ Ihre Frage überraschte mich nicht. Die Antwort war ein ja und nein. Ja, natürlich hatte ich eine kleine Menge im Haus, aber ich hätte Miriam nichts davon gegeben. Niemals hätte ich einen Menschen bewusst zu Drogen verholfen oder ihm welche überlassen. „Nein!“, log ich. „Dann muss ich mich bald auf den Weg machen, Franzy! Ohne das Zeugs halte ich nicht mehr lange durch.“ Innerlich kämpfte ich mit mir. Wenn ich Miriam anbot, Sex gegen Drogen auszutauschen, würde sie einwilligen? Ihre Brustwarzen zeichneten sich spitz unter dem Shirt ab. Interessiert stierte ich nach ihnen. Das aufsteigende Kribbeln in mir erinnerte mich an meine sexuellen Gelüste der zurückliegenden Nacht.

„Miriam, hattest du mal Sex mit einer Frau?“, brach es schließlich aus mir heraus. Zunächst schämte ich mich ein wenig für meine direkten Worte. Miriam blieb locker. Kauend beobachtete sie meinen Wimpernschlag. Interessiert und neugierig musterte sie mich. „Ja!“, antwortete sie gelassen. „Und, wie hat dir das gefallen?“, wollte ich es genauer wissen. „Gut!“, seufzte Miriam. Sie wurde ein wenig nervös. Das Dope, es rief nach ihr. „Würdest du es mit mir, ich meine…“, stotterte ich verlegen. Miriams Blick wurde ein wenig entsetzt. „Hast du mich deshalb mit zu dir nach Hause geschleppt?“ Aus heiterem Himmel schrie sie los. Angegriffen fühlte sie sich. Sofort bereute ich meine intime Frage. In den völlig falschen Hals hatte sie diese bekommen. „Das hätte ich wissen müssen, dass es dir nur darum ging, Franzy!“

Wütend sprang Miriam vom Stuhl. „Jetzt beruhige dich doch mal“, besänftigte ich das wildgewordene Mädchen. Es ging mir nicht darum, überhaupt nicht!“, versuchte ich mich aus der Affäre zu ziehen. Aufgebracht warf Miriam plötzlich Gegenstände durch die Küche. Ein Buch hatte auf dem Tisch gelegen, welches nunmehr mit einem dumpfen Knall gegen die Wand flog. Hinter dem Buch schmetterte Miriam den Teller hinterher, von dem sie gegessen hatte. Zielgenau schepperte er gegen die Küchentür. Er zerbrach in tausend Scherben. Während er im Flug haarscharf meinen Kopf verfehlte. „Verdammte Scheiße! Geht’s denn allen Menschen immer nur um Geld und Sex?“, fluchte Miriam erbost. Das Mädchen ließ sich gar nicht mehr beruhigen. Vorsichtig griff ich ihren Arm, während sie die Tasse vom Tisch nahm und energisch auf den Kühlschrank zielte. Bestimmend nahm ich ihr diese aus der Hand. „Jetzt beruhige dich doch!" Miriam überließ mir widerwillig die Tasse und stürzte sich plötzlich weinend in meine Arme. Hemmungslos schluchzte sie furchtbar bittere Tränen an meiner Brust. Ihr Wimmern ging mir durch Mark und Bein. All der Kummer, die Sorgen und ihre Pein brachen aus dem Mädchen heraus. Ihre Seele verschaffte sich Raum. Gewitter reinigt die Luft, sagt man. Miriams explodierende Art schlug augenblicklich um in eine tiefe Traurigkeit. Mütterlich drückte ich das weinende Mädchen an mich. In unserem Gewerbe Trost zu spenden, war kein leichtes Unterfangen. Wir waren alles gebrannte Kinder. Anteilnahme und Zuspruch kannten wir nicht. Linderung konnten wir Mädchen erfahren, wenn wir uns in den Armen unserer Leidensgenossinnen vom Strich oder aus dem Bordell ausheulten. Manche Mädchen waren mental stärker als andere und durchaus in der Lage, den labileren von ihnen Trost zu spenden

„Du hast es gut Franzy, du musst dir den Dreck von der Straße nicht mehr geben!", weinte Miriam haltlos. „Du kannst hier bleiben, bei mir wohnen, zumindest für eine Zeit!", sprach ich Miriam ins Gewissen. Irgendwie musste es doch möglich sein, sie davon zu überzeugen, dass sie unter meiner Obhut ein besseres Leben führen konnte als unter der ihres Zuhälters. „Ach und du besorgst mir auch mein Dope?“ Kritisch blickte Miriam mich an. Den Kopf schüttelte ich. „Nein, ich denke, du solltest von dem Dreckszeug runterkommen und auch dabei kann ich dir helfen!“ „Bist du jetzt Mutter Theresa geworden, oder was?“, lachte Miriam und wischte sich mit ihrem Ärmel vom Schlafshirt den Rotz aus Augen und Nase. Beschämt betrachtete sie das verschmutzte Shirt. „Muss ich wohl ausziehen und in die Wäsche stecken, was?“ Ihre Arme nahm sie gen Himmel und zog sich vor meinen Augen das Shirt über ihren sinnlichen Körper. Zuerst überlegte ich, ob ich mich umdrehen und weggucken sollte. Anstandshalber wäre es von Nöten gewesen, jedoch konnte ich mich dem Anblick dieses athletischen Körpers nicht entziehen. Regungslos und fasziniert blickte ich auf ihre nackten Brüste, die von einer Tätowierung gezeichnet waren. Eine Rose in einer Feuerflamme schlängelte sich um ihren Hügel. Ein Bild, wie ich es in meinem Leben nie wiedersah. In Gedanken berührte ich zärtlich ihre Knospen. Die ihrer rechten Brust und die Blüte der Rose, die sich zärtlich über ihre Wölbung legte. „Was guckst du so?“ Miriam trat einige Schritte näher zu mir heran. Heiß und kalt wurde mir. Meine Hand nahm sie und zog mich zu sich. Sie küsste meinen Mund. Sehr leidenschaftlich tat sie dies. Keine Zurückhaltung, kein Probieren, kein Antesten, sondern sie ging gleich in die Vollen. Ein wenig erschrocken war ich. Über Miriams Offensive. Den Kuss ihrer weichen Lippen erwiderte ich. Nur zu gern tat ich dies. Miriam schmeckte wild und sinnlich zugleich. Schwer zu beschreiben, was ich fühlte, während sich unsere Lippen berührten. Jeder Mensch empfindet andere Dinge, sieht wundervolle Bilder in seinem Kopfkino vorüberlaufen, während er sich zärtlich einem anderen Menschen hingibt. Miriams verrückte Küsse ließen mich erschauern. Mit zittriger Hand, weil ich so nervös war, berührte ich vorsichtig ihre Taille, während ihre Hand wie selbstverständlich unter meinen Pullover kletterte. Energisch bahnten sie sich den Weg zu meinen Brüsten. Als sie meine Hügel der Leidenschaft schließlich fand, zwischen dem Stoff des Pullovers und meinem Büstenhalter, berührte Miriam sie in einer Art, die mich das Fürchten lehrte. Mit nur einer Hand öffnete sie den Verschluss des BHs. Die andere suchte sich bereits den Weg zwischen meine Schenkel. Unsere Küsse wurden inniger. Ein Zungentanz, wie ich ihn niemals zuvor erlebt hatte und der mich beinahe in die Knie zwang. Miriam und ich landeten in meinem Bett. Wir erlebten wundervolle Stunden miteinander. Zärtlich und hingebungsvoll, zeitlos und abseits jeden Übels, das unser Leben bestimmte.

Während wir später erschöpft nebeneinander lagen, zündete Miriam sich eine Zigarette an. „Du bist gut Franzy!“, lobte sie anerkennend. Dieser lapidare Satz mag für Außenstehende vielleicht plakativ und lieblos daher gesagt klingen, aber in unserer Szene war das ein Kompliment. Wenn ein Freier zum Abschluss eines „Ficks“ sagte: „Du bist gut!“, dann war das ein ernstgemeintes Lob, über das man sich ab und an sogar freute. In dieser dunklen Zeit, in der wir die Männer bedienten, gab es selten irgendwelche Aufmerksamkeiten hinsichtlich liebevoller Worte oder ernsthafter Gespräche. Wir lachten über Miriams Anerkennung hinsichtlich meiner sexuellen Fähigkeiten. „Hey, hast du das Rauchen etwa auch aufgehört?“ Miriam blickte mich fragend an. „Du rauchst nicht, du trinkst nicht, du kiffst nicht, was bist du denn für eine?“ Sie reichte mir lasziv ihre Zigarette. Langsam nahm ich sie und inhalierte das Gift in meine Lungen. „Ich möchte noch nicht sterben!“, beantwortete ich ihre Frage. „Sterben müssen wir alle!“, hustete Miriam. Ihr Husten klang aufgesetzt, provokant. „Ich bin froh, wenn ich es endlich hinter mir habe, das Leben hat doch sowieso nichts zu bieten außer dass sich alles um Geld und Sex dreht!“ „Und was ist mit der Liebe? Der richtigen Liebe?“, fragte ich. „Hast du mal eine gehabt?“, erwiderte Miriam erstaunt und lachte gleich wieder los. Ein ironisches Lachen, voller Wehmut. Den Kopf schüttelte ich. „Nein, so richtig geliebt habe ich nicht und wenn, dann waren es immer die falschen Typen, an die ich mein Herz verlor. Jedoch glaube ich, dass der Tag kommt, an dem mein Traumprinz an die Tür klopft.“ „Ja oder die Prinzessin!“, antwortete Miriam und erstickte ihre Zigarette, die ich ihr zurückreichte, im Aschenbecher. „Stehst du nun auf Männer oder auf Frauen?“ Miriams an mich gestellte Frage konnte ich so einfach gar nicht beantworten. Irgendwie mochte ich den sexuellen Austausch mit beiden, wobei mir das mit den

Männern mit der Zeit viel zu langweilig schien, als den Rest meines Lebens mit einem dieser Typen zu verbringen. Männer waren zudem sehr anstrengend. Nach dem Sex schliefen sie gleich ein. Mit Kuscheln war danach nichts mehr. „Wenn du einen Mann an deiner Seite hast, dann besteht dein Leben nur noch aus Ficken und Haushaltführen!“, äffte Miriam. „Aha und mit einer Frau?“, stellte ich die Gegenfrage. „Ich weiß nicht, vielleicht aus schönen Gemeinsamkeiten, die man erlebt. Aus bedeutend weniger Streit und sinnlichen Momenten, die voller Erotik stecken. Der Sex mit den Männern ist doch immer nur dreckig.“ Miriam seufzte nachdenklich, während sie sinnierte. Das Leben einer Hure war nicht einfach und das einer durchschnittlichen Hausfrau scheinbar sehr langweilig.

„Ich möchte jetzt gehen Franzy!“ Miriam erhob sich aus dem Bett und noch einmal präsentierte sie mir ihren wundervollen Körper in seiner herrlichen Pracht. Sie tat es provokant, nackt um mein Bett herumzuspazieren, um ihre Sachen einzusammeln, die im ganzen Zimmer verteilt waren. Es roch nach Sex. Sowohl nach Magie und Liebe. Dazu der Qualm ihrer Cannabiszigarette. Ein unvergessener Augenblick. An einen indischen Markt dachte ich. Bunte Farben durchkreuzten mein inneres Auge. Eine Explosion meiner Gefühle sprengten meine empfindlichen Synapsen. Miriam wusste genau, wie sehr ich ihren Körper begehrte. Meine Augen hungerten nach ihm und nach den Berührungen meiner erogenen Zonen.

Innerhalb weniger Minuten, in denen wir uns hingaben, hatte sie erkannt, wie sehr sie mich erotisierte. „Kommst du wieder?“ Meine Augen schloss ich, während ich auf eine Antwort wartete. Auf eine Antwort, die mein Herz befriedigt, und meinen Träumen Hoffnung schenkte. Miriam blickte mich ein letztes Mal an, bevor sie ging. Ihre Haarsträhne steckte sie hinter das Ohr und während sie atmete, hob sich ihr Brustkorb. Äußerst erotisch fand ich diese Pose. Wenn ich die Fähigkeit gehabt hätte, malen zu können, ich hätte Miriam gebeten zu bleiben, damit ich ihren prachtvollen Körper auf ewig in einem Ölgemälde hätte verewigen können. Dieses hätte ich gegenüber vom Bett aufgehängt, damit ich gleich des Morgens, wenn sich meine Augen öffneten, das Bild der Liebe erblickte. Ihren nackten Körper, auf einer Wiese liegend unter einem blauen Himmel hätte ich gemalt. Vielleicht im Hintergrund das Meer und ein gelber Sandstrand. Das Mädchen aus den Dünen…hätte mein Bild geheißen.

„Franzy!“ Miriam gab mir einen empfindlichen Knuff und meine Tagträume zerplatzten jäh. „Wenn es geht, dann komme ich wieder, ja! Ich verspreche aber nichts, in Ordnung?“ Über mein Gesicht huschte ein hoffnungsvolles Lächeln. „Fein!“, lachte ich zufrieden. Nach diesem Tag, als Miriam fortging, sah ich sie lebendig nicht wieder.

Kapitel 2

Wolfgang

Menschen kommen und gehen. Einige sind eine Lektion, andere eine Aufgabe. Wahre Freundschaften, hatte ich nur wenige in meinem Leben geknüpft. Natürlich stimmte mich das Wissen um den Mangel meiner freundschaftlichen Beziehungen und einer fehlenden Familie traurig. Eine richtige Familie… hatte ich doch niemals besessen, oder doch? Meine Mutter, Gott habe sie selig, lebte in ihrem eigenen Film. Wir Kinder existierten nur nebenbei in ihrem anstrengenden Alltagsprogramm.

Wenn ich mich an einige Tage zurückerinnerte in meiner Kindheit, wurde mir schlecht wenn ich ehrlich bin. Meine Mutter ebnete mir den Weg in die Hölle. Tiefsten Abgründen blickte ich ins Auge. Manchmal war ich schockiert von dem, was ich sah. Menschen begegneten mir, die am Ende ihrer körperlichen Kräfte waren. Mädchen, im zarten Alter von nur 12, 13 Jahren, prostituierten sich verzweifelt auf dem Straßenstrich. Wie Zombies, die umhertrieben, wandelten sie über den Teer. Strähnige Haare hingen in ihren Gesichtern und die viel zu dick aufgetragene Schminke verlief gnadenlos, wenn es regnete. Sie scheuten noch Wind noch Wetter. Kaum zu glauben, dass auch ich mal eine von ihnen gewesen war. Von zuhause ausgerissen waren sie, weil sie das Elend in ihren Familien nicht mehr ertragen konnten. Die kindlichen Augen mit ansehen mussten, wie ihre Mütter von den Vätern geprügelt wurden. Alkohol, Drogen und Gewalt das Tagesprogramm bestimmten, wenn sich die Türen schlossen. Die Türen zu den Wohnungen derer Menschen, von denen andere annahmen, sie führten ein Leben in Frieden und Wohlstand. Dicke Autos schmückten die Bürgersteige vor ihren Haustüren. Bezahlt worden waren diese oftmals mit Geld, an dem Blut klebte. In dem Wohnviertel der arbeitslosen Sozialempfänger wurden kuriose Geschichten über Menschen erzählt, die von der rechten Lebensspur abgekommen waren. Obwohl sie nicht arbeiten gingen, lebten sie in Saus und Braus. Sowohl Männer, als auch Frauen feierten ausgelassene Champagnerfeten. Nicht nur das. Sexorgien und Verkauf von menschlichem Fleisch zum Hungerstillen der Bastarde beherrschte ihr Tagesprogramm.

Sie alle… trugen dunkle Geheimnisse mit sich herum. Schleppten diese durch den sonnendurchfluteten Tag und ebenfalls hinein in pechschwarze Nächte. Das Geschäft mit Sex und Liebe florierte. Es wuchs, das Imperium der Armen, denen es mit List und Tücke gelang, ein Netz aus Prostitution, nebst Menschenhandel aufzubauen. Menschen wie du und ich. Menschen, von denen man niemals geglaubt hätte, dass sie so abgebrüht waren, minderjährige Mädchen zu verkaufen und sie zu versklaven. Mütter von Kindern, die sich freizügig der Prostitution hingaben, fielen ihnen zum Opfer. Vor den

Augen ihrer entsetzten Kinder, für die es irgendwann völlig zur Normalität gehörte, dass sie selbst mit nur 14 Jahren bereits schwanger wurden, prostituierten sie sich. Zwischen Fläschchen geben und Stillen befriedigten sie ihre Freier. Manchmal waren es die Zuhälter ihrer Mütter oder die wilden Freier, die sexlüstern auf ihre Opfer warteten. Sie nicht einmal davor zurückschreckten, kleine Kinder zu vergewaltigen, und diese obendrein zu schwängern. Das Elendsviertel. Auch ich war in ihm geboren und großgeworden. Wenngleich meine Mutter ein eigenes Haus besessen hatte, etwas abseits von dem widerlichen Geschehen, so waren wir wie sie. Wie sie alle. Wahrscheinlich hatte sie das Haus damals von irgendwem geerbt, dessen Finger ebenfalls in diesem miesen Drecksspiel steckten und vergoltenes Blut an ihnen klebte.

Es gab jedoch auch die andere Seite. Dort gab es diejenigen Menschen, die jeglichen Halt in ihrem Leben verloren hatten und ihr Geld nicht mit Prostitution und oder Drogen verdienten, sondern mit dem, dass sie zum Flaschensammeln durch die Straßen irrten und in Mülltonnen nach Essbarem suchten. Nicht selten geschah es, dass diese Herumlungernden, wie meine Mutter sie nannte, Prügel bezogen von den Besetzern des asozialen Viertels, wie mein Bruder die Wohngegend beschimpfte. Mit Baseballschlägern schlug man auf die wehrlosen Geschöpfe ein, die mit hungrigen Mägen durch die Straßen zogen, wie aus einem blutigen Gemetzel entkommene Kriegsheimkehrer. Einige von ihnen schoben alte Fahrräder neben sich her. Am Lenker des Zweirads hingen Plastiktragetaschen. Andere wiederum führten abgemagerte Hunde an einer rissigen Lederleine mit sich. Gestalten, von denen man einige regelmäßig sah und ihnen oftmals begegnete, während sich von anderen jegliche Spur im Winde verwehte. Immer schon hatte ich ein Faible für diese heruntergekommenen Menschen in mir getragen. Sie faszinierten mich seit jeher. Meine Mutter rief mich jedoch zur Räson. Fernhalten sollte ich mich von dem Gesindel. Krankheiten wie die Pest und Cholera würden die Bestien übertragen, erzählte sie uns Kindern Gruselmärchen über die Obdachlosen. Natürlich glaubten wir ihr. Dennoch blieb ich in den Einkaufsstraßen immer wieder berührt stehen, wenn einer dieser Menschen in den Zwischenwänden der Häuser saß und um Geld bettelte. Im kältesten Winter hockten sie dort bei klirrenden Temperaturen und zuckten nicht mit der Wimper. Nein, sie klapperten auch nicht mit den Zähnen. Während wir Kinder in dicken Schals und Moon Boots eingemummelt, uns kaum bewegen konnten und in Eile an der Hand unserer Mutter mit fortgerissen wurden, weil sie jeglichen Situationen immer gleich aus dem Weg gehen wollte, kauerten die Obdachlosen währenddessen nur in einer dünnen Jacke bekleidet, auf dem kalten Straßenboden und blickten traurig auf die vorbeilaufenden Passanten. Manche hoben bittend die Hand, streckten sie den Fußgängern entgegen. Flehende Blicke, die Not stand ihnen ins Gesicht geschrieben.

Einige Passanten blieben mitleidig stehen und warfen ein paar wenige Groschen in die aufgestellten Büchsen. Nicht jedoch meine Mutter. Auch ich bettelte jedes Mal, sie sollte bitte ein paar Mark übrig machen, und den armen Menschen helfen, dass sie keinen Hunger und keine Not leiden mussten. „Die versaufen das Geld doch gleich wieder!“, schimpfte meine Mutter ungehalten. Nicht einmal hatte ich erlebt, dass sie den Menschen, die um ihr Leben bangten, weil es für sie keinen geregelten Ablauf der Dinge gab und sie mit jeder Minute dem Tod ein wenig näher rückten, weil sie durchaus hätten erfrieren können, ein paar Mark in ihre Sammelbüchsen geworfen hätte. „Dreckiges Pack!“, lauteten ihre herzlosen Worte. Erinnere ich mich heute an diverse Szenen zurück, denke ich, wir waren auch nichts anderes als schmieriges, abstoßendes Pack!

Anders als meine Mutter, die emotional eher zu den gefühlstoten Menschen zählte und hinsichtlich ihrer charakterlichen Eigenschaften als berechnend und kühl zu beschreiben gewesen wäre, saß mein Herz am rechten Fleck. Das war mein späteres Verderben. Mein weiches Herz, dessen Türen stets geöffnet waren, dass man bis ans Ende der Welt blicken konnte, wenn man es wollte, brach mir an einigen Stellen des Lebens mein Genick. Sehr grausam tat es das.

Durch die Erbschaft meines Vaters war es möglich, einen größeren Zeitraum in finanzieller Unabhängigkeit zu leben. Jedes Mal, wenn ich durch die Stadt spazierte und die bettelnden Obdachlosen in den Geschäftsnischen sitzen sah, blutete mein Herz. Fern der Heimat zu sein, kein Glück, keine Liebe, keine Familie und keine Zukunft zu besitzen, wer wusste es besser, wie sich das Herz eines solchen Mensch anfühlt, als ich? So hatte doch auch ich alles verloren, was mir liebgewesen war. An meine beiden Kinder dachte ich. An die Fehlgeburt und die Abtreibung. War es ein Fehler gewesen, mein Kind gehenzulassen, ohne ihm eine Chance auf Leben zu geben? Welche Alternative blieb mir damals, in dem Schlamassel meines Lebens? War es nicht sogar eine glückliche Fügung des Schicksals, dass ich jetzt nicht mit einem Kind behaftet war? Was hätte ich einem Kind bieten können? Viel zu jung, dumm, unerfahren und mit einer Mutter an meiner Seite ausgestattet, der ich hilflos ausgeliefert war hinsichtlich den wichtigen Dingen des Lebens, hätte ich niemals ein Kind erziehen können. Sie, meine Mutter war es lediglich gewesen, die mich die Regeln meines lächerlichen Daseins lehrte. Meine Träume, Wünsche und das Kindsein, all das hatte sie mir genommen. Gnadenlos hatte sie es getan. Nicht nur mir, auch meinen beiden Geschwistern Kevin und Jolene löschte sie die Wärme in ihren Seelen aus. Nein, ich hasse meine Mutter nicht für das, was sie uns Kindern angetan hat. Es war ihr Leben. Hineingeboren worden in den menschlichen Sumpf, das war ihr armseliges Dasein, für das sie genauso wenig konnte, wie ich für meins. Hilflosigkeit zog sich durch unsere Familiendynastie wie ein roter, bedrohlicher Faden. Psychisch waren wir alle ein Wrack. Jeder von uns. Die Folgen unserer Geschichte holten uns Kinder Jahre später ein. Während unsere Mutter den Freitod wählte, um dem Dreck zu entkommen, wollte ich leben. Um jeden Preis. Das Leben wartete auf mich. Irgendwo dort draußen. Davon war ich fest überzeugt und mit jedem Tag, der in mein Leben zog, machte ich mich auf die Suche. Nach den schönen Dingen des Lebens, die Glück und Wohltat versprachen. An meine Kindheitsträume dachte ich. Ein Pferd sollte es sein. Ein schwarzer Hengst am liebsten, mit dem ich ohne Sattel in den Sonnenuntergang galoppierte. Als Kind träumte ich diesen utopischen Traum jede gefühlte Nacht. Wach lag ich ruhelos in ihr. Den Tränen der Verzweiflung in meine Kissen freien Lauf lassend. Heute, Jahre später hätte ich mir diesen Traum tatsächlich ermöglichen können. Es gab diese berüchtigte To Do Liste. Dinge, die ich mir wünschte und später abhakte, wenn sich die Erfüllung meiner Träume tatsächlich vollzogen hatte. Auf dieser Liste befanden sich unter anderem Wünsche, von den Drogen und der Prostitution loszukommen. Diese trugen bereits ein Häkchen. Und eben, ein Pferd anzuschaffen, stand dort geschrieben. Den Führerschein wollte ich machen. Unbedingt. Eine Berufsausbildung absolvieren! Du liebe Güte, die Liste meiner ungelebten Träume schien endlos zu sein. Jedoch konnte ich tatsächlich nach und nach einige Häkchen hinter meine diese ziehen. Die Prostitution und die Drogen waren zunächst aus meinem Leben verschwunden. Mir war klar, wenn ich den

Führerschein bestehen wollte und mich überhaupt erst einmal in einer Fahrschule anmeldete, so musste ich clean sein. Erstaunlicherweise fiel es mir nicht besonders schwer, die Finger von dem Dreckszeug zu lassen. Prostitution? Auf Sex mit den schweinischen Freiern verzichtete ich liebend gern. Solange ich das Geld nicht brauchte, gab es keinen Drang, mich für Geld auszuziehen. Allerdings sehnte ich mich nach Liebe. Geborgenheit, Halt und Zärtlichkeit. Tendenziell fühlte ich mich wohl eher zu Frauen hingezogen, wenn es um Gefühle und Gelüste ging, über dessen Umsetzung ich frei entscheiden durfte. Wahrscheinlich lag es daran, dass mir eine Frau bisher nicht wehgetan hatte. Der Respekt und die Achtung einer Frau gegenüber waren unbeschmutzt. Wahre Liebe darf niemals von Grund auf dreckig sein, sondern rein, zart und unbefleckt. Mit Frauen hatte ich Sex als solchen erlebt und schön empfunden. Meine nachmittäglichen Spaziergänge trieben mich immer wieder in das Milieu. Eigentlich war ich nichts anderes als die Freier, die Ausschau nach Beute hielten, um den Durst ihrer Lust zu stillen.

Die Obdachlosen auf der Straße. Geld gab ich ihnen. Warf es in die Blechbüchsen, welche sie vor ihren übereinandergeschlagenen Beinen positioniert hatten. Die meisten von ihnen hockten im Schneidersitz vor den Schaufenstern der Einkaufshäuser und warteten mit sehnsüchtigen Blicken auf das glückverheißende Klimpern in den Metalldosen. Dieses Ritual, dass ich dort vorbeizog, gewann gewisse Regelmäßigkeiten. Einer von den Männern hatte es mir besonders angetan. Eigentlich nicht nur er, sondern sein Hund. Ein Mischling, zuckersüß. Man konnte nicht wegschauen. Nicht an den beiden vorbeigehen, ohne einmal stehenzubleiben und ihnen ein freundliches Hallo entgegenzubringen. Nachdem ich an mehreren Tagen immer wieder Geld in die aufgestellte Büchse geworfen und hingebungsvoll den Hund betrachtet hatte, sprach mich der Mann schließlich an. „Wer bist du?", fragte er mit rauer Stimme. Bisher hatte er nicht ein einziges Wort mit mir gewechselt. Selbst mein Hallo hatte er nicht erwidert. Meine Person keines Blickes gewürdigt, sprach er plötzlich mit ihr. „Franzy!" antwortete ich wahrheitsgemäß. „Franzy, woher hast du so viel Geld?" Der Fremde blickte mir skeptisch in die Augen. Es war eine Frage, die er aus Besorgnis stellte und sie erstaunte mich. So brauchte er doch dringend Geld, sonst würde er nicht auf der Straße sitzen und betteln. Warum interessierte es ihn also, woher ich das Geld nahm, das ich ihm gab? „Kleine Mädchen wie du, Franzy, haben niemals so viel Geld in der Tasche, als dass sie es einem armen Menschen wie mir spenden könnten!", fuhr der Fremde fort. Auf meine Lippen biss ich aus Wut. Kleines Mädchen nannte er mich? Mit Mitte zwanzig war ich im Rotlichtmileu bereits eine alte Schachtel und hier wurde ich ein kleines Kind genannt? „Woher hast du das Geld, Franzy?" Der Typ ließ nicht locker. „Von meinem Vater!", antwortete ich. Wieder äußerst wahrheitsgemäß.

„Der muss aber viel Geld verdienen, dein Vater! Weiß er, dass du dein Geld an Bettler verschenkst?“ Für einen Moment überlegte ich, dass es Sinn machte, wenn ich weiterging und in den Folgetagen diesen Ort nicht mehr aufsuchte. Was waren das für blöde Fragen? Einen letzten Blick schenkte ich dem wunderschönen Hund, der neugierig seinen Kopf hob, um mich zu begutachten. Gedanklich sprach ich ihm ein „Tschüss mein Süßer“ aus und begab mich auf meinen Weg. Wohin auch immer er mich führen sollte. Plötzlich wurde ich unsanft an meiner Hand festgehalten. „Wir sind noch nicht fertig, Franzy!“ Der fremde Unbekannte, dessen Hund neben ihm auf einer karierten Decke ruhte, erhob sich, während er mich festhielt. „Würdest du mir ein wenig Gesellschaft leisten, Franzy? Ich möchte gern mehr über dich erfahren!“ Der Mann kramte sein Zeugs zusammen, stopfte seine wenigen Habseligkeiten in den Rucksack. Meine Hand hielt er währenddessen noch immer fest. „Widerstand ist wohl zwecklos“, entgegnete ich. Der Hund erhob sich erst, als sein Besitzer das Zeichen zum Aufbruch gab. „Drüben ist ein Café, dort kann ich Remo mitnehmen, die Inhaber kennen mich und sind freundlich! Magst du einen Kaffee mit mir trinken, Franzy?“ Mich schauderte es. Fremde Männer bedeuteten für mich seit jeher eine nicht einzuschätzende Gefahr. Aus alten Gewohnheiten heraus pflegte ich es, Pfefferspray bei mir zu tragen. Mit der freien Hand wühlte ich nervös in meiner Hoodytasche herum und legte meine Finger an den Abzug. „Du musst das nicht tun!“ Der Fremde schenkte mir ein Lächeln. Voller Ironie und Herabwürdigung, während er ungeniert in meine Tasche des Pullovers griff und die kleine Flasche an sich nahm. Woher?.. wusste er, dass ich… „Du bekommst es wieder, wenn sich unsere Wege trennen!“ Die Redensweise dieses Menschen beeindruckte mich. Zutiefst tat sie das. „Wer bist du?“, drehte ich den Spieß mutig um. Für einen Moment glaubte ich es mit einem Wunderwesen zu tun zu haben. „Nicht der, für den du mich hältst!“, antwortete der Fremde unbeirrt und nahm seinen Hund an eine Lederleine, die er aus dem Rucksack zog. Meine Hand ließ er los. In dem Augenblick fühlte ich eine Leere in mir. Hatte das an die Hand nehmen von ihm mir eine Art Adrenalinstoß verpasst, unter dem ich ein Kribbeln in meinem Körper fühlte, von dem ich glaubte, dieses Gefühl sei mir längst verlorengegangen. Ein unbekannter Mensch löste eine wohlige Berauschung meiner Sinne aus. Nein, ich hatte keine Angst vor Männern. Wie viele hatte ich bereits durch die einsamen Nächte in den Betten der Stundenhotels und in den Etablissements der Bordelle geritten und ihn das trügerische Gefühl von Liebe vermittelt. Liebe für Geld. Loslösen wollen hatte ich mich von dem Übel. Nein, ich wollte nicht mehr mitgehen mit den Männern. Nicht für Geld, noch für Liebe, noch für Sex und auch nicht für einen Kaffee. Worauf das hinauslaufen würde, das wusste niemand besser als ich. Mein geschundener Körper sollte in Frieden und Freiheit ruhen dürfen, während ich meiner Seele weiterhin das Träumen erlaubte. Von all den schönen Dingen, von denen ich glaubte, sie existierten nur in meiner geistigen Vorstellung, wollte ich mich nicht verabschieden, nur weil ich immer wieder diese grässlichen Negativerfahrungen machen musste, wenn es um Liebe und Geborgenheit ging. „Wolfgang!“ Der Typ riss mich aus meinen Tagträumen. In Gedanken durchfuhr mein Gedächtnis die Stationen meines dreckigen Lebens. Mein Körper, sich räkelnd und windend auf den Laken der Hotelbetten unter den schmierigen Händen dieser perversen Männer, die glaubten, für Geld alles erkaufen zu können. „Franzy!“ Einen empfindlichen Knuffer in meine Seite kassierte ich für meine Unaufmerksamkeit. „Mein Name ist Wolfgang!“ Wolfgang griff erneut meine Hand. Dieses Spiel hatten wir jetzt bereits zum dritten Male wiederholt. Er schüttelte sie und machte einen leichten Diener. Eine Verneigung. „Angenehm!“, sagte ich lapidar. Wie ich mich ihm gegenüber verhalten sollte, das war mir in den wenigen Sekunden, in denen mein Leben ein Tempo im Vorspulen meiner Lebenssituationen an den Tag legte, nicht mehr klar. Dass mir schlecht werden könnte, glaubte ich eher, als die Situation im Griff zu haben. Warum ich damals mitging, ich weiß es nicht… Es war die beste Entscheidung meines Lebens jedoch auch eine der folgenschwersten.

In dem Café bestellte Wolfgang einen pechschwarzen Kaffee ohne Zucker, ohne Milch und dazu einen Jägermeister. Die Kombination fand ich bedenklich. Ein

Alkoholiker also, mit dem ich es zu tun hatte. Wie alle diese schrägen Typen, die um Geld in den Einkaufsstraßen bettelten, wenn ich an die Worte meiner Mutter dachte. Misstrauisch begutachtete ich ihn. Seine markanten Gesichtszüge trugen etwas Geheimnisvolles in ihren Grübchen und Fältchen, die sich sanft um seine Augen kringelten. Wolfgang würde ein guter Liebhaber sein, glaubte ich. Seine sinnlichen Lippen, mit ihnen könnte er eine Frau an ihren intimsten Stellen, an denen sie garantiert nicht keusch wäre, hingebungsvoll verwöhnen. Die Hände, so weich und seine Finger so fein, mit ihnen zärtlich die weiblichen Rundungen berühren. Die Ausbeulung hinter der Reißverschlussleiste seiner Jeanshose hatte ich gleich zur Kenntnis genommen. Wolfgang war gut bestückt. Es war eine Art Automatismus in mir, dass ich die Männer nach diesem Schema abscannte, wenn ich ihnen begegnete. „Woran denkst du, kleines Mädchen?“, neugierig warf Wolfgang mir einen Blick zu, der mitten ins Herz traf. Was war das mit diesem Mann? Warum löste er derart angenehme Gefühle in mir aus? Niemals zuvor war mir das in dieser Weise passiert, dass ich einen warmen Schauer über meinem Körper fühlte, der die feinen Härchen auf meinen Armen aufstellte, und an ihnen Gänsehaut verursachte, durch die Anwesenheit eines männlichen Wesens. Er, dieser Wolfgang…wer war er? „Du bist eine von ihnen, Franzy!“ Wolfgang rückte mir bedrohlich näher. Wir saßen uns gegenüber und er legte seine Ellenbogen auf den Tisch. Streckte sich mit seinem

Oberkörper halb über diesen und fixierte mich eindringlich. Mein T-Shirt, das ich unter der Jacke trug, die ich an die Stuhllehne hing, gab einen guten Ausschnitt meines Dekolleté frei, jedoch blickte Wolfgang nicht hinein. Das fand ich merkwürdig. War es nicht immer das, was die Männer zuerst taten? So wie ich sie musterte, taten sie es mit meinen weiblichen Reizen, die ihre lüsternen Augen erforschten. „Eine von wem bin ich?“, tat ich einen auf ahnungslos. Meine Knie zitterten ein wenig. Auf die Innenseite meiner Backe biss ich. Bloß nicht nervös werden, Franzy. „Von diesen Straßenhuren! Ich kenne dich, habe dich dort gesehen, das ist allerdings schon ein Weilchen her.“ Wolfgang lehnte sich wieder zurück und wirkte sichtlich entspannter, nachdem er ausgesprochen hatte, was ihm auf der Zunge lag und in seinem Herzen brannte. Mich als eine Hure zu titulieren. War es ihm Genugtuung? Bereitete es diesem Mann sichtliche Freude, mich eine Hure zu nennen? Und wenn ja, warum? Stumm nickte ich. Weshalb sollte ich meine Herkunft leugnen. Wie viele Leute mich wohl wiedererkannten, von denen, mit welchen ich die Nächte zusammen verbracht hatte? Einige! An Wolfgang konnte ich mich jedoch beim besten Willen nicht erinnern. Zögerlich fragte ich ihn um eine Antwort. „Haben wir?“… „Nein! Niemals würde ich mich einer Hure hingeben!“ Wolfgang wurde energisch in seiner Tonlage. So lautstark, dass ich ihm direkt Glauben schenkte und es nicht wagte, einen Zweifel daran zu hegen. Peinlich war es. Die Leute um uns herum blickten alle neugierig zu unserem Tisch. Wolfgang sah man an, was er war. Ein Penner. Ein Obdachloser, ein sozial schwacher Mensch. Mir sah man jedoch nicht an, was oder wer ich war, glaubte ich zumindest. Außerdem war ich keine Prostituierte mehr. Wollte es jedenfalls nicht mehr sein. Wolfgang schob plötzlich den Zwanzig Markschein, welchen ich ihm vor wenigen Minuten in seine Büchse gesteckt hatte, über den Tisch zu mir herüber. Zu mir. Ich verstand nicht… Was sollte das nun wieder? „Ich möchte kein Geld annehmen, dass du mit dem Verkauf deines Körpers errungen hast, Franzy. Das ist ein so dreckiges Geschäft, das möchte ich nicht unterstützen.“ Wolfgang lächelte mich an und ich konnte seine Gesichtszüge nicht dahingehend einordnen, ob es nun ein mitleidvolles Lachen, ein Auslachen oder ein Anlachen meiner Person war. „Nein, ich nehme das nicht zurück und außerdem ist das kein Geld, das ich mit dem Verkauf meines Körpers erwirtschaftet habe“, rechtfertigte ich mich. „Nicht?“ Wolfgang legte den Kopf schief und kratzte nachdenklich sein Kinn. Ein paar Bartstoppeln sprießten in seinem Gesicht, das gezeichnet von einem anstrengenden Leben war. Während er diese Haare kratzte, machte es merkwürdige Geräusche. Der Situation war ich nicht gewachsen und wollte mich ihr auch nicht länger hingeben. „Seit einigen Monaten bin ich clean und darauf sehr stolz“, sagte ich und schob den Geldschein wieder zurück. „Ich möchte nun gehen bitte.“ Wolfgang griff mein Handgelenk. „Ich wollte dich nicht verletzen, entschuldige bitte!“, sagte er sanft und dieses

Mal spürte ich, sein Lächeln war freundlich und ehrlich. Ein wenig verbunden mit dem kleinen Anflug eines schlechten Gewissens.

Zwischen Wolfgang und mir entstand eine Freundschaft. Immer wieder trafen wir uns in der Stadt, während ich gedankenverloren durch die Gegend schlenderte und er auf Beute in Form finanzieller Spenden wartete. Wolfgangs Hund Remo wedelte jedes Mal freudig mit seiner Rute, wenn ich im Anmarsch war. Meistens hatte ich für ihn eine Kleinigkeit mitgebracht. Aus der Metzgerei. Frische Knochen und Pansen. Das Zeugs stank erbärmlich, aber der Hund liebte es. Remo und Wolfgang eine Freude zu machen, ließ mein Herz höherschlagen.

Irgendwann kam es zwischen Wolfgang und mir, wie es wahrscheinlich kommen musste. Ich bot Wolfgang an, mich zuhause in meiner Wohnung zu besuchen. Der Winter stand vor der Tür und es war viel zu kalt, um auf dem Asphalt der Geschäftsstraßen zu sitzen und auf willige Geldgeber zu warten. Wolfgang hatte mir erzählt, dass er in einer alten Fabrikhalle untergekommen war. Er war knapp zwanzig Jahre älter als ich und hatte vor vielen Jahren sogar eine Ausbildung als Bankkaufmann abgeschlossen. Eine leitende Position in der Commerzbank angetreten und dort einige Jahre gearbeitet. Private Probleme in seiner Ehe trieben ihn jedoch in die menschlichen Abgründe. Seine Frau betrog ihn und er suchte Trost im Alkohol. Die Scheidung und der Jobverlust folgten. Nachdem keine Rechnungen mehr bezahlt wurden und Wolfgang keine Sozialhilfe beantragte, stürzte er in die Obdachlosigkeit. Diese machte sein Leben zunichte wie ein Blatt Papier, das man gefühllos durch einen Aktenvernichter jagte. In Sekundenschnelle war alles hinüber. Ein Menschenleben, das einst in geordneten Bahnen lief, driftete abseits in die Verdammnis. Unaufhaltsam und gnadenlos.

Gespannt lauschte ich den Erzählungen dieses Menschen. Es gab also tatsächlich menschliche Wesen, dessen Lebensumstände noch viel grausamer waren, als meine eigenen. Vielleicht steckte genau aus diesem Grund, bezüglich dieses Wissens der Drang in mir, Wolfgang helfen zu wollen.

Wolfgang nahm ein Bad. Fast zwei Stunden verweilte er in meinem Badezimmer. Zuvor hatte er zugegeben, wie lange es her gewesen war, dass warmes Wasser seinen Körper berührte. Die Antwort erschreckte mich. Mucksmäuschenstill war es. War er eingeschlafen? An die Tür hatte ich klopfen wollen. Fast unmerklich, um sicherzugehen, dass er noch anwesend war. Ja, ich hätte ihn vermisst, wenn er fort gewesen wäre. „Alles in Ordnung?". Vorsichtig legte ich mein Ohr an die Tür. „Ja!", drang es zufrieden aus dem Badezimmer. Ein frisches T-Shirt hatte ich ihm bereitgelegt und eine Jogginghose. Eine von mir, die ihm bestimmt viel zu klein war, aber oh Wunder, sie passte, dank des elastischen Hosenbunds. Remo hatte sich wohlig zusammengerollt und auf den Teppich in meiner guten Stube gelegt. Nahe der Heizung. Die wohltuende Wärme musste für das Tier ein Segen sein.

„Wir sollten den Hund auch in die Badewanne stecken und ihm später etwas gegen Flöhe auf das Fell träufeln! Ich habe mal in einer Tierhandlung gearbeitet, ich weiß wo wir das Zeugs kaufen können!“, resümierte ich fachmännisch. Wolfgang warf mir einen sanften Blick zu, als er an mir vorbeischritt, während ich im Türrahmen lehnte und auf seine Rückkehr aus dem Bad wartete. Seine Hand streifte im Vorbeigehen flüchtig meine Taille. War es Absicht? Eine kleine Aufmerksamkeit von ihm? Fast unmerklich und doch so tiefgehend berührte mich dieser Mensch in meinem Herzen.

Vom Chinesen ums Eck, bestellten wir Essen, während unsere Füße auf dem Tisch lagen und wir herumalberten. Wolfgang hatte großen Wert darauf gelegt, dass wir bitte einfach eine Dose Ravioli öffneten, weil alles andere viel zu kostenaufwendig sei. Seine Bitte lehnte ich vehement ab. An Tagen wie diesen, war Dosenfraß, wie ich sein Ravioli nannte, völlig fehl am Platz. Wolfgang gab sich geschlagen und aß brav gedünsteten Fisch mit Gemüse. Er lachte über das merkwürdige Essen, von dem er sagte, es sei über ein halbes Jahrhundert her, dass er gesundes Essen zu sich genommen habe.

Zögerlich näherten wir uns einander. Es kam von allein und geschah wie selbstverständlich. Niemand drängte den anderen zu irgendeiner Handlung, noch zu einer

Berührung. Wolfgang streichelte zärtlich über die Härchen auf meinem Unterarm. Während er spürte, dass es mir angenehm war und ich unter einer beginnenden Gänsehaut leicht vibrierte, die ich ihm verdankte, ließ er seine Finger sachte ein wenig höher gleiten. Schob sie behutsam unter den Ärmel meines T-Shirts und von dort seitlich Richtung Busen. Ein wenig warm wurde mir und ein leichtes Kribbeln durchfuhr meine Vagina. Ein Gefühl, so wunderschön und fremd zugleich. Ein Mann berührte mich und ich ließ es zu. Ohne eine Gegenleistung zu fordern. An Patrick dachte ich. An den Jungen aus meiner Jugendzeit. Während ich ihm die Lehrmeisterin gewesen war in Sachen Sex, durfte ich Wolfgangs Berührungen genießen und mich unter ihnen fallenlassen. Mein Wissen, es mit einem Mann zu tun zu haben, der mir nichts bieten konnte, nichts, mit dem er mich hätte beeinflussen wollen, der jedoch erfahren und wahrscheinlich ein guter Liebhaber war, eben weil er es irgendwann in der Vergangenheit einmal gewesen war, ließ meine Sinne beben. Wohlig räkelte ich mich neben Wolfgang auf der Couch. Er sollte spüren, dass ich es mochte, wenn er mit seinen weichen Fingern über meinen Busen glitt. Den Halsausschnitt zog er vorsichtig ein wenig nach unten, um besser an meine Rundungen zu gelangen. Lächelnd warf er einen Blick unter das Shirt. „Du hast wunderschöne Brüste, Franzy, wenn ich das sagen darf!“, stöhnte Wolfgang erregt. Es war kein Stöhnen dieser Männer, die mich gedanklich bereits ausgezogen und ihren Schwanz in meine Vagina gesteckt hatten. Ohne auch nur für einen kleinen Moment die Betrachtung meiner Schönheit ins Auge genommen zu haben. Geil waren sie gewesen. Einfach nur lüstern danach, dass es endlich losging, meinen Körper zu missbrauchen, wenngleich sie es gebrauchen nannten, während Wolfgang ins Staunen geriet, wie wunderschön ich doch war und er mich mit ehrlich gemeinten Komplimenten beeindruckte.

„So weiche Haut, ein sinnlicher Kussmund, und Engelsbrüste“, schwärmte er. Sanft legte er seinen Kopf auf meine Brust und atmete ganz tief in seinen Brustkorb. Seine Hand umschlang hingebungsvoll jedoch sachte meine Hüfte. „Ich kann dein Herz schlagen hören“, flüsterte er leise und rückte nochmals seinen Kopf zurecht, um den Rhythmus meines Herzschlags zu verfolgen. Zaghaft legte ich meine Hand auf sein Haar und wuselte ein wenig in ihm. So lagen wir da, zeitlos und völlig ohne in der Absicht zu sein, den anderen zu missbrauchen. Weder nahm ich Wolfgangs Geld entgegen, noch behandelte er meinen Körper wie eine Ware. Ein Stück Fleisch, mit dem er machen konnte, was er wollte, weil es ihm gehörte für eine gewisse Zeit? Nein! Davon waren wir meilenweit entfernt. Mein Herz schlug kräftiger. Mein Atem beschleunigte. So sehr wünschte ich, dass er bitte seine Hand nehmen und sie wieder auf meine Brüste legen mochte. Mich einfach nur von ihm streicheln lassen, das Gefühl genießen zu dürfen, meinen Körper als das zu spüren, was er war.

Sinnlich und begehrenswert. Ich war kein Dreck und ich war auch keine Hure. An diesem Tag war ich Franzy. Niemand sonst. Eine junge Frau mit Gefühlen und einem Herzschlag in ihrer Brust, der sich nach Liebe sehnte. Nach nichts anderem, als nach einem ehrlichen Gefühl. Wolfgang erwiderte diese Sehnsucht. Er stillte meine Gelüste. Er tat dies auf eine Weise, die mich beinahe das Fürchten lehrte, weil ich es nicht kannte. Ich niemals zuvor erfuhr, wie ein Mann eine Frau nahm, wenn er sie begehrte in einer Art, die dem Gefühl von Liebe sehr nahe kam. Nachdem Wolfgang spürte, dass ich bereit war, seine Liebe zu empfangen, zog er mein T-Shirt aus. Während er dies tat, küsste er meinen blanken Körper. Seine Lippen berührten nackte Haut an den Stellen, die mich erotisierten. Meinen Hals, meine Schultern, mein Schlüsselbein. Von dort ging es langsam abwärts. Seine Lippen sogen sich sanft an meiner Haut fest. Überall hinterließ Wolfgang seichte Küsse und ich konnte den Augenblick gar nicht länger abwarten, wann er endlich bei meinen Knospen angelangte. So unendlich viel Zeit nahm er sich, mich zu erobern. Er begehrte mich mit all seinen Möglichkeiten, mir seine Bewunderung für meinen Körper zu signalisieren. Zwischen seinen Küssen, unter denen ich dahinschmolz, blickte er mir immer wieder in die Augen. In ihnen sah ich das Schimmern des Ozeans. Es glich einem Rausch, in dem ich gefangen war. Er sollte bitte niemals enden wollen. In dem Moment, als seine Lippen meine Brustwarzen erreichten, glaubte ich, sie würden zerspringen. Das

Wechselspiel zwischen seinen Lippen und der Zungenspitze war für mich kaum auszuhalten. Alles in mir streckte sich diesem Mann entgegen. Zu gern hätte ich ihn geküsst. Auf den Mund. Mit meiner Zunge seine berühren dürfen, das war es, wonach ich strebte. Niemals zuvor hatte ich einen Mann auf den Mund geküsst. Das war Gesetzt der Prostituierten, dass ein auf den Mund küssen nicht im Preis inbegriffen war. Wir Huren küssen nur dann auf den Mund, wenn wir einen Menschen lieben und einen Mann, mit dem wir Geschäfte abschließen, lieben wir nicht.

Meine Hände krallten sich in Wolfgangs Haare, während er meine Brüste liebkoste. An seinem Hals hielt ich mich fest. Weil ich meinen Körper aufrichtete, um meine Brüste an seinen Mund zu führen und meine Bewegungen hektischer wurden, nahm er Fahrt auf. Drückte mich enger an sich. Stöhnte. Sein Atem fuhr ein rasantes Tempo. Erregt war er. Mit seinen Zähen biss er in meine Knospen, aus denen süßer Nektar geflossen wäre, wenn ich ein Kind unter dem Herzen getragen, welches ich später an meiner Brust genährt hätte. Der wohl schönste Moment. Das Saugen an der Brust. Die erogene Zone, an der es kein Tabu gibt, wenn die Gefühle im Einklang sind. Wie viele Männermünder hatten an meinen Liebesknospen gesaugt, gespielt, gebissen und gesabbert? Etliche. Aber nur dieses eine Mal war es ein völlig anderes Gefühl. So herrlich, dass ich in ihm bereit gewesen wäre zu sterben. Die völlige

Hingabe, ihr fieberte ich entgegen. Wolfgang spürte meine Erregung. Mein Zittern. Er fühlte, ich war bereit für die Nacht meines Lebens. Seinen athletischen Körper wuchtete er graziös vom Sofa. Legte seine starken Arme unter mein Becken und trug mich vom Wohnzimmer ins Schlafzimmer. Der Geruch von Duschgel und Aftershave kribbelte in meiner Nase. Meinen Kopf legte ich an seinen Hals um an ihm zu riechen. Die Augen schloss ich, während ich tief die Ausdünstungen dieses Mannes inhalierte. Die Chemie, sie stimmte. Ich mochte Wolfgang. Das Bild des Obdachlosen, es verblasste. Wolfgang war nicht das, was er in den Augen der Menschen zu sein schien, die jeden Tag an ihm vorbeieilten und ich war nicht die Frau, das Mädchen, das man als Hure kannte. Wir beide begegneten uns an einem Ort, zu einer Zeit, an dem nur wir Zugang zueinander fanden. Es glich einem Zeitloch, in welches wir beide gefallen waren. Zwei Menschen, die sich nicht gesucht und doch gefunden hatten. Wenn es auch nur für eine Nacht sein sollte, weil uns mehr an Spielraum der Liebe nicht gegönnt war, so war es die Explosion der Gefühle schlechthin. Eine Erfahrung, die alles in mir verändern sollte.

Wolfgang liebte mich in dieser Nacht, als würde es kein morgen mehr geben. Wir trieben es Stunde für Stunde und es wollte nicht enden. Wir ermüdeten nicht von der Ekstase unserer Gefühlswelt. Die Küsse auf meinen Mund, sie schmeckten wie ein himmlisches Erdbeerfeld, dessen Früchte meine Sinne beflügelten. Unsere Finger hakelten sich, während wir uns liebten, so fest ineinander, dass ich glaubte, sie würden sich niemals wieder lösen. Sollten sie doch für immer ineinander verschlungen bleiben…

Am nächsten Morgen wurde ich von Wolfgang zärtlich geweckt mit einem Frühstück am Bett. Eine Rose lag auf dem Tablett. Auf meine Frage, als ich an den Blättern schnupperte, woher diese wundervolle Blume kam, lachten wir Tränen. Aus Nachbarsgarten. „Für dich würde ich einen Garten der Liebe pflanzen, Franzy!" Wolfgang streichelte sanft über meine Arme, während ich das Brötchen aß, das er eigens für mich vom Bäcker geholt hatte. „Das habe ich allerdings bezahlt", schmunzelte Wolfgang. „Die Rose ist geklaut, muss ich dir ehrlich gestehen!" Sein Blick… Er glich dem der Sonne, wenn sie im Untergang liebevoll den Horizont küsste…So wie er mich betrachtete, war es nichts anderes als Liebe.

Kapitel 3

Das Leben nimmt dir alles ohne zu fragen

Mit Wolfgang und mir, das ging ganz tief rein. In diesem Mann glaubte ich etwas gefunden haben, wonach ich mich die letzten Jahre gesehnt, und es vergebens gesucht hatte. Wir verstanden uns so gut, als wären wir füreinander geschaffen. Niemals stritten wir oder waren mal nicht einer Meinung. Wie selbstverständlich wohnte Wolfgang bei mir. Wo hätte ich ihn hingehen lassen sollen? Zurück in seine Fabrikhalle? Wissentlich, dass er dort auf dem kalten Betonboden dem Tod näher war als dem Leben? Wir waren dort gewesen. Er hatte mich hingeführt zu dieser leerstehenden Halle, welche jahrelang sein zuhause gewesen war. Seine Decke, in die er sich des Nachts eingerollt hatte, sie lag noch immer an der gleichen Stelle. Niemals wäre das für mich in Frage gekommen, Wolfgang wieder dort hingehen zu lassen. Wolfgang vertraute ich blind. Bei ihm fühlte ich mich gut aufgehoben. Geborgen und zuhause. Ein Gefühl von Heimat überkam mich, wenn wir abends nebeneinander im Bett lagen und uns liebevoll in die Augen blickten. Wir zusammen kuschelten. Unsere Körper streichelten und liebkosten, bis wir einschliefen. Nein, es war keinesfalls nur der sexuelle Aspekt, der uns glücklich machte. In Wolfgangs Armen durfte ich träumen, einschlafen und glücklich sein. Es hätte nichts anderes in meinem Leben geben können, dass mich zufriedener gemacht hätte, als Wolfgang an meiner Seite spüren und lieben zu dürfen.

In den Nächten gaben wir uns manchmal hin, als würde es kein Erwachen mehr geben aus der Euphorie unserer Gefühle. Sinnliche Berührungen, knisternde Ekstase und Hingabe waren es, die uns miteinander verschmelzen ließen. Mochte ich es doch niemals, einem Mann sein bestes Stück nach dessen Herzenslust zu massieren und ihn zu blasen und erledigte ich meinen Blow Job lediglich, weil ich dafür bezahlt wurde, so glaubte ich einer völlig neuen Epoche meiner sexuellen Gelüste gegenüberzustehen, während ich Wolfgang verwöhnte. Ja, ich liebte ihn. Zumindest war das innere Gefühl, das ich plötzlich im Herzen trug etwas, das ich nie zuvor kennengelernt hatte. Ich nannte es Liebe. Liebe, weil es so wundervoll war. Behüten musste ich dieses zärtliche Gefühl. Niemals durfte ich es verlieren. Mein vergangenes Leben, es lag meilenweit hinter mir. Die Drogen, die Prostitution, der Abgrund und der Dreck, in dem ich jahrelang gehaust hatte, waren ausgezogen aus meinem Leben. Unendlich befreit fühlte ich mich. Nein, ich würde für kein Geld der Welt wieder dorthin zurückgehen, wo ich hergekommen war. All die widerlichen Männer in ihrer Gier befriedigen zu müssen für Geld, damit ich überleben konnte, all das brauchte ich nicht mehr. Geld hatte ich genug. Leider war ich damals sehr naiv und dumm. Geld wird beständig weniger, wenn kein neues hinzukommt. Weder Wolfgang ging einer geregelten Tätigkeit nach, noch ich. Wir lebten von dem, was ich auf der hohen Kante liegen hatte. Und wir lebten weiß Gott nicht schlecht. Die Wohnung glich bereits einem kleinen Luxusappartement in ihrer Ausstattung. So hatte ich mir doch gleich nach dem Tod meines Vaters, dem Zuhälter meiner verstorbenen Mutter, eine komplett neue Einrichtung zugelegt. Stereogeräte durften nicht fehlen. Was wäre ein Leben ohne Musik? Ohne bewegende Filme? Einen VHS Rekorder und all solch unnützes Zeugs kaufte ich. Anziehsachen in allen Ausführungen. Wie ein Rausch war es über mich gekommen. Die Geschäfte zu durchstreifen und in den Kabinen zu verschwinden, um in aller Ruhe auszusuchen, was mir gefiel. Während ich früher sehr gern aufreizend herumlief, so hatte sich mein Kleidungsstil verändert. Gut, ich war älter geworden. Aufreizend angezogen wäre ich immer leichte Beute gewesen und hätte den Männern signalisiert, dass ich bereit war, mich ihnen auszuliefern. Der Zug war längst abgefahren. Für Geld zog ich mich nicht mehr aus. Das hatte ich gar nicht mehr nötig. Gut angezogen und nicht mehr freizügig zu sein war außerdem ein viel größeres Gut, als aufreizend herumzustolzieren.

Oftmals geschah es auf offener Straße, wenn ich vollbeladen mit meinen Einkaufstaschen des Weges zog, dass mich die Freier ansprachen. Aus den fahrenden Autos heraus oder sie hielten mich hinterrücks an der Schulter fest und wenn ich mich erschrocken umdrehte, sagten sie: „Ach die Franzy! Mensch Mädchen, komm mit und verdiene dir ein paar Mark!“ Charmant nahmen sie mir die Taschen aus den Händen. „Ich wohne immer noch dort hinten gleich ums Eck!“ „Ja schön für dich du Ficker, dann zieh mal Leine und such dir eine andere!“, rotzte ich den Typen in ihre widerlichen Fressen. Nein, ich war nicht mehr das Mädchen, mit dem alle Männer machen konnten, was sie wollten. Ein eigenständiges Leben baute ich mir auf. Unabhängig wollte ich sein.

Niemand außer mir hatte mehr ein Recht darauf, zu bestimmen, wohin ich des Weges gehen sollte. Die Blicke der Freier waren erstaunt über meine Wesensänderung. „Einmal Hure, immer Hure!“, schimpften sie hinter mir her. „Du wirst schon noch wieder zurückkommen auf den Straßenstrich Franzy, dort wo du hingehörst, spätestens wenn dein verdammtes Geld alle ist!“, riefen sie mir nach.

Die Mädchen himmelten mich an, wenn ich ihnen des Weges begegnete. Sie wussten, dass es mir finanziell an nichts fehlte und ich den Strich nicht mehr nötig hatte. Einige von ihnen mochten es sehr, sich Frauen hinzugeben und natürlich baggerten sie mich an, damit ich mit ihnen ums Eck der Häuser verschwand. Es war ihnen lieber, mit mir im Bett eines Stundenhotels zu verschwinden, als mit diesen widerlichen, dreckigen Typen, die weder ihre Schwänze wuschen, noch Respekt gegenüber dem weiblichen Geschlecht besaßen. Nach der Geschichte mit Miriam hoffte ich, sie eines Tages wiederzufinden. Zu gern hätte ich mich ihr sexuell noch einmal hingegeben. Doch ich sah sie nicht wieder. Von den anderen Mädchen wusste auch niemand so recht, wo Miriam abgeblieben war. Wahrscheinlich hatte ihr Zuhälter sie längst verschleppt. Über Hintermänner gelangten die Mädchen manchmal ganz fix ins Ausland. Nach Rumänien oder Russland. Von ihnen verlor sich oftmals jede Spur. Sie vermisste auch niemand. So etwas wie Familien besaßen diese armen Geschöpfe alle gar nicht. Selbst wenn, so hatte man sich längst distanziert von den schwarzen Schafen, die auf dem Straßenstrich herumlungerten und ins Drogenabseits drifteten. Aus den Familien machte sich niemand mehr auf die Suche nach ihnen. Meistens war alles zerrüttet und hoffnungslos verloren. Festgefahren die Karre und aus dem Mist nicht mehr herauszuholen. In meiner Familie war es nicht anders gewesen. Ich weiß genau, wovon ich spreche.

Nach Miriam trat Wolfgang in mein Leben. Völlig unverhofft schenkte mir ein männliches Wesen all das, was mein Herz höherschlagen ließ. Dass auch dieses Glück wieder nur von kurzer Dauer sein sollte, woher hätte ich es wissen sollen? Mit Mitte zwanzig bist du naiv. Noch nicht wirklich Erwachsen, aber auch kein Kind mehr. Dennoch fehlt dir die nötige Lebenserfahrung, um ein grausames Schicksal abwenden zu können und du rennst wenn du Pech hast, weil sich das Karma des Lebens gegen dich richtet, in dein Verderben.

Wolfgang und ich flogen gemeinsam in den Urlaub. Wenn ich heute zurückdenke an die Anfänge des zwanzigsten Jahrhunderts, dann wird es mir wehmütig ums Herz. Sah es doch damals tatsächlich so aus, als würde ich endlich die Kurve bekommen. Wolfgang und ich taten so verrückte Dinge. Im Reisebüro buchten wir kurzentschlossen einen Flug nach Spanien. Remo, Wolfgangs Hund brachten wir bei Freunden unter. Für zwei Wochen waren wir beide out of order. Losgelöst von allem Übel und stinkendem Dreck dieser Welt. Wir liebten uns am Strand. In den ausrollenden Wellen wälzten wir uns im Sand hin und her und sahen anschließend aus wie zwei panierte Schnitzel. Wir hielten uns in den Armen. So als wollten wir einander nie wieder loslassen. Wir lachten. „Du machst mich so glücklich Franzy!“, seufzte Wolfgang, während wir in den Sonnenuntergang blickten. Uns im roten Schein der am Horizont versinkenden Sonne hingebungsvoll küssten. Mein Gesicht hielt er in seinen Händen. Es war der ehrlichste Blick eines Menschen, der mein Herz berührte, den ich in meinem Leben jemals spüren durfte. Ein lauer Sommerwind durchfuhr mein Kleidchen und streichelte sanft meine Sinne, während Wolfgang meine Gelüste stillte, indem seine Hände überall an meinem Körper zugegen waren, um mich zu elektrisieren. Zwischen all den Touristen waren wir zwei völlig normale Menschen. Wie all diese Gestalten, die sich in der Sonne bräunten, Händchenhaltend am Strand umher spazierten und in den Restaurants Fisch und exotische Früchte verspeisten, gehörten wir zu denen, von denen niemand glaubte, wer sie wirklich waren…

Die Vergangenheit kannst du verdrängen. Vergessen kannst du sie jedoch niemals! Gedankengänge verschiedenster Ebenen durchkreisten meine Erinnerungen und verfolgten mich. Manchmal schreckte ich des Nachts hoch. Aus Angst. Aus Anspannung.

Allein aus dem Wissen heraus, niemals meine wahre Identität leugnen zu können, lediglich den schwarzen Mantel, in den ich gehüllt war, zeitweise ablegen zu dürfen und später wieder anziehen zu müssen. So fühlte ich mich beständig auf der Flucht. Ein wertloses Stück Dreck war ich.

„Du bist wundervoll Franzy!“. Wolfgang wertschätzte mich nach allen Regeln der Kunst. Er spürte meinen Kummer. Instinktiv wusste ich, dass ich bald zurückkehren musste. Zurück in meinen Sumpf. Das Geld aus der Erbschaft, welches ich bedenkenlos auf den Kopf haute, um endlich das wahre Leben erleben zu dürfen, würde nicht ewig reichen! Wenn Wolfgang an meiner Seite blieb, brauchte ich mindestens das Doppelte von dem, was ich für mich allein benötigte. Die Bedrohung, die mich umgab, ihr unaufhaltsames Näherkommen, fühlte ich in meinen Venen pulsieren. Mit jedem Herzschlag, der in meiner Brust klopfte, krampfte sich alles in mir zusammen, sobald ich an die Zukunft dachte. Das Böse war nicht aufzuhalten…

Nur wenige Tage später, nachdem Wolfgang und ich aus Spanien zurückkehrten und wir glaubten, wir hätten das Glück bis ans Ende unserer Tage gepachtet, legte sich das Dunkle über uns. Während ich in den Nächten wach lag und sinnierte, wie unser Leben weiterverlaufen sollte, wenn es kein Geld mehr unter meiner Matratze gab, so hatte ich doch längst entschieden, den Weg dorthin zurückzugehen, wo man meinen Namen rief.

Es geschah in den Abendstunden. Wolfgang erlitt aus heiterem Himmel einen epileptischen Anfall. Zumindest so etwas in der Art. Als er mit seinem Hund Remo nach dem allabendlichen Spaziergang heimkehrte, sackte er in der Tür meiner Wohnung leblos zusammen. Sein Körper wurde heimgesucht von übelsten Zuckungen, über die er nicht mehr Herr der Lage war. Weißer Schaum lief aus seinen Mundwinkeln. Mit weit aufgerissenen Augen lag er auf dem Linoleumboden und wurde von diesen fürchterlichen Krämpfen geschüttelt, die seinen Körper unbarmherzig hin und her rissen. In Eile und größter Besorgnis rief ich den Rettungswagen. Man nahm Wolfgang mit ins Krankenhaus. Es folgten endlose Tage des Wartens und Bangens. Die Diagnose, wie würde sie lauten? Der Verdacht der Ärzte tendierte von Gehirntumor bis Schlaganfall. Einige der Untersuchungen brachten keinerlei Gewissheit ans Tageslicht, woran Wolfgang wirklich litt. Wieder hieß es warten. Geduld war keine meiner Stärken. Wolfgang lag im künstlichen Koma. Die Ärzte gaben mir keine Auskunft über den Gesundheitszustand. Ich war in ihren Augen keine Angehörige, der sie Rechenschaft abzulegen hatten. Wir waren nicht verheiratet und nicht verwandt. Wolfgang verfügte über keine Patientenverfügung. Du meine Güte, worauf man im Leben alles achten musste…

Wer dachte bitteschön daran, dass man mit jedem Atemzug dem Tod näher sein konnte, als dem Leben und für den Fall der Fälle seines Ablebens rechtzeitig jemanden nominierte, der all die Dinge regelte, wenn der Teufel zum Tanz rief? Völlig überfordert fühlte ich mich. Wenigstens durfte ich Wolfgang besuchen. Diese schrecklichen grünen Kittel musste ich überziehen und einen Mundschutz tragen. An unzähligen Maschinen hing sein Leben. Die Lider seiner Augen zuckten gelegentlich, während ich seine Hand hielt. Manchmal übte ich bewusst etwas stärkeren Druck in meinen Handflächen aus, um auf eine Regung von ihm zu achten. „Bitte komm wieder zu mir zurück!“, flüsterte ich weinend. Meinen Kopf legte ich sanft auf die Bettkante und schluchzte beinahe lautlos in die Matratze. An Gott glaubte ich nicht, jedoch betete ich zu ihm.

Die Tage zogen ins Land. Die Ungewissheit, sie war mein täglicher Begleiter. Der Tröster in der Not war die kalte Schnauze eines Hundes, die mir so viel Wärme gab, dass sie mich am Leben hielt. Für Remo durfte ich nicht aufgeben. Nicht verzweifeln. Er vermisste sein Herrchen ebenso sehr wie ich ihn. „Er wird wiederkommen!“, sprach ich zu dem Tier und es war nichts anderes, als dass ich Selbstgespräche führte, um meine aufgewühlte Seele zu besänftigen. Ich glaubte nicht daran, dass alles gut werden würde. Nicht in meinem Leben.

Wolfgang kehrte nicht zurück. Er verstarb im Krankenhaus. Die Ursache seines Anfalls blieb ungeklärt, letztendlich war es Herz und Nierenversagen, welchem Wolfgang erlag. Eine Schwester, die mich tröstend in den Arm nahm, während ich Abschied von seinem Leichnam nahm, sagte, es wäre das Leben und dessen leidvolle Führung gewesen, weshalb Wolfgang sterben musste. Damals verstand ich nicht, was sie mir sagen wollte. Heute wohl. Drogen, Alkohol und die Enttäuschung vom Leben hatten Leber und Nieren, sowie die Seele dieses Menschen zerfressen und ihn langsam hingerichtet. Die kleine Franzy war zu spät gekommen, um die Liebe ihres Lebens zu retten. Wie bitter. Wie tragisch und wie traurig. Für mich brach eine Welt zusammen, als man mir die Nachricht von Wolfgangs Tod überbrachte. Verstehen konnte ich das, was geschehen war, nicht. Fassungslosigkeit übermannte mich. Die Dunkelheit rief wieder einmal meinen Namen. Wenn Menschen in meinem Umfeld starben, fühlte ich mich starr und bewegungslos. Nicht mehr fähig, zu atmen.

Tagelang vegetierte ich vor mich hin. Diese Leere, die mich umgab, ich glaubte, ihre Grausamkeit würde mich steinigen. Tagsüber funktionierte ich. Nachts weinte ich. Dazwischen wünschte ich zu sterben. Der Mensch, den ich liebte, war mir entrissen worden. Vom Leben. Von diesem Drecksleben, das nichts außer Verrat,

Enttäuschung und Grausamkeit für mich bereitzuhalten schien.

Leere Augen. Versteinerter Blick. Aufrechter Gang und ein kaltes Lächeln auf den Lippen. Im Nebel des regnerischen Tags machte ich mich auf die Reise, um Abschied von dem liebsten Menschen zu nehmen, dem ich mein Herz geschenkt hatte. Erbarmungslos nahm er es mit in den Tod.

Der Zusammenbruch. Ein kurzer Schrei der Verzweiflung. Ein stechender Schmerz in meiner Brust, als der Sarg hinuntergelassen wurde und ich ihm eine dunkelrote Rose nachwarf. Ihm, meiner verlorenen Liebe. Die Schüppe in den angehäuften Erdhaufen drückte um dem Spruch Staub zu Staub, Asche zu Asche gewahr zu werden, während ich stumm den Dreck auf den Deckel des Holzkastens rieseln ließ.

Es war ein Funktionieren meinerseits. Nicht mehr, nicht weniger. Als ich den Friedhof verließ und entlang des Eisenzauns schritt, der das Gelände der Toten beschützte, wünschte ich mir nichts sehnlicher, als noch einmal die Herzenswärme Wolfgangs zu spüren. Meine Augen schloss ich und erinnerte mich. An unsere Zeit. An die Anfänge, als wir uns auf der Straße begegneten und ich seine Blechbüchse mit Silberlingen füllte. Der Griff, mit dem er mich festhielt. Nach meinem Namen fragte und mich zum Kaffee einlud. Aus einer flüchtigen und schicksalhaften Begegnung Liebe wurde. Vergangenheit!

Wenn die Liebe kommt, lauert in ihrem Schein der Tod. Entweder der Mensch stirbt oder die Liebe. Wenn dich beides verlässt, stirbst auch du.

Kapitel 4

Back in Business

Die Zeit heilt alle Wunden sagt man. Mag sein. Bei mir war das anders. Die Zeit brachte alle Narben wieder zum Aufplatzen, weil das Leben sich mir gegenüber so gern von seiner grausamsten Seite zeigte. Da heilte gar nichts. Nur wenige Wochen nach Wolfgangs Tod kehrte ich zurück. Zurück in meine Vergangenheit. In das Leben, in dem ich mich einst sicher fühlte, weil ich es nicht anders kannte. Von der Liebe hatte ich Abschied genommen. Von dem Körper des Menschen, dessen Tod mir das Herz brach und von allen weiteren Versuchen, der Liebe jemals wieder zu begegnen. Es gab sie nicht. Nicht für mich. Und wenn, dann war sie nur von kurzer Dauer oder sie tötete meine Seele, wenn ich mich ihr hingab oder mich in ihr verlor. Mit nur Mitte zwanzig glaubte ich längst nicht mehr an die Liebe.

Alles war beim alten, als ich zurückkehrte. Lederstiefel, kurzer Rock, ausgeschnittenes Top, dick aufgetragene Schminke und den Silberblick aufgelegt. Manchmal begleitete mich Remo. Der Hund folgte mir nach Wolfgangs Tod auf Schritt und Tritt. Es gab niemals zuvor ein Mädchen, das am Straßenrand posierte, an dessen Seite ein großer Hund zu ihren Füßen ruhte und mit einem wachsamen Blick den Ablauf des Geschehens verfolgte. Freudige, altbekannte Gesichter begrüßten mich. Mädchen, Frauen, Freier und Gesichter, die ich nicht mehr zuordnen konnte, sie mir jedoch vertraut waren. Schnell fanden sich zahlungswillige Männer, die mich nahmen. Woran es lag, dass ich immer gleich der Anlaufpunkt des männlichen Geschlechts war, ich kann es nicht sagen. Mein Hintern, meine Oberweite, alles war normal geformt, nichts übermäßig. „Es ist dein Blick, Franzy!“, sagte mal einer der Freier zu mir, als ich ihn fragte, warum er ausgerechnet mich ausgesucht hatte, wo die Straße doch übersät war mit Frauen und Mädchen, die Geld verdienen wollten und alle nicht schlecht aussahen. „Dein Gesicht gleicht einem Buch, in dem ich lesen möchte!“, schmierten sie mir Honig um den Bart, die menschlich niedersten Gestalten, die ich bis heute mit tiefer Verachtung bestrafen möchte, dafür dass sie mich kaputtgemacht haben. „Du musst das doch nicht tun, Franzy!“, antworteten sie, wenn ich ihnen ins Gesicht schrie, dass das, was sie mit mir machten, ein Drecksgeschäft war, das meine Seele auffraß. Sie hatten recht. Ich musste das nicht tun, mich für Geld ausziehen. Jedoch hatte ich nichts gelernt. Keinen vernünftigen Job, keinen Abschluss in meiner Tasche stecken. Womit sollte ich Geld verdienen wenn nicht mit dem, was mir in die Wiege gelegt worden war?

Wenn es nicht so unendlich traurig gewesen wäre…Was ich erleben musste…!

Eine Szene mit einem Freier, sie spielte sich kurz nachdem ab, als ich wieder im Geschäft war. Mit Geschäft meine ich, als ich bereit war, für Geld meine Beine breitzumachen. Das Geld aus der Erbschaft war so gut wie aufgebraucht. Ein Dach über dem Kopf war mir sicher, jedoch fehlte der Luxus. So wollte ich mir doch beständig das leisten, was mein Herz begehrte. So wie sich Menschen für Geld Alkohol, Zigaretten und Drogen kauften, erkaufte ich mir Glück. Neue Klamotten, etwas Schickes für meine Wohnung und träumte ich doch immer noch von einem eigenen Pferd.

Plötzlich flog die Tür des Hotelzimmers auf und eine aufgetakelte Blondine mit dunkler Sonnenbrille stand breitbeinig positioniert im Türrahmen. In ihren zarten und fingernägelbuntbemalten Händen hielt sie einen Revolver. Den Ziellauf richtete sie auf uns. Auf meinen Freier und mich. Während ich die Schmetterlingsstellung eingenommen hatte, hätte die Zuckerschnute im Falle, dass sie unter einem nervösen Finger litt, zuerst den Freier erledigt, der vor meinem Becken kauerte und meine Unterschenkel in seinen Händen hielt. Er war recht gut in dieser ungewöhnlichen Stellung und beinahe wäre ihm das Kunststück gelungen, mich zum Orgasmus zu bringen. Wir hatten gewettet. Vor der Show. Niemals hatte mich ein Freier zum Explodieren gebracht. Und er, setzte einfach großkotzig meinen Stundenlohn ein, mit den Worten, dass er Ficken frei Haus hätte, sollte er gewinnen und ich explodieren. Erschrocken drehte dieser sich nunmehr um, während die Frau mit dem Revolver in der Hand die Bühne betrat. „Bernie, lass das", fauchte er ängstlich in die Richtung der Unbekannten. „Bernie?" Scheinbar handelte es sich bei der durchgedrehten Revolverlady um seine Ehefrau. Diese zählte plötzlich laut bis drei mit den Worten: „Steig sofort von dieser dreckigen Nutte herunter, oder ich knall euch beide ab!" Tja, den Orgasmus konnte ich mir abschminken.

Die Party war zu Ende...

War das wirklich immer so einfach mit dem Orgasmus? Ich denke, jede Hure oder Nutte wollte und möchte ihn erleben, den sexuellen Höhepunkt. Sex ist für uns jedoch ein Geschäft, das nur selten ein Himmelhochjauchzen beschert. Die Sehnsucht nach der Befriedigung, sie begleitete uns Huren wie ein Schatten, den wir nicht wieder loswurden, wenn er erst einmal zu unserem Begleiter geworden war. Sehnsüchte... Ein jeder Mensch wird von ihnen getrieben. Die Hoffnung stirbt bekanntlich zum Schluss.

Mein Glück, dass ich mich einigermaßen mit den Drogen zurückhalten konnte. Auf dem Straßenstrich wirst du früher oder später mit dem Dreckszeug in Berührung kommen. Wenn du labil oder instabil bist, dann ist das dein Todesurteil, wenn du Pech hast. Die Dealer nehmen keine Rücksicht. Sie verkaufen dir alles. Von getrockneter Elefantenscheiße bis körnigem Rattengift, alles was dein Herz begehrt, kannst du dir hier in diesem Milieu wünschen. Du darfst und du kannst auch sterben, wenn du das möchtest. Irgendjemand wird sich finden, der dir behilflich sein wird, dich ins Jenseits zu befördern.

Der Führerschein! Einer meiner innigsten Träume war es, ein eigenes Auto und den dazugehörigen Lappen in der Tasche zu haben. In der Fahrschule meldete ich mich an. Der Fahrlehrer stierte mich mit Argusaugen an, während er neben mir auf dem Beifahrersitz hockte. Nein, ich war nicht aufreizend angezogen. Noch nicht einmal hatte ich mein Gesicht geschminkt. Keine roten Lippen, kein Make up, rein wie die Natur mich geschaffen hatte, übte ich mich im Autofahren. Die Blicke des Fahrlehrers machten mich nervös. „Herrgott, was glotzen Sie denn immer so blöde?“, fauchte ich den Typen giftig an. Ja, ich konnte eine Zicke sein. Da stehe ich anderen Frauen in nichts nach. „Du bist eine wunderhübsche Frau!“, lispelte mein Lehrer. Wahrscheinlich sagte er diese magischen Worte zu jeder seiner Schülerinnen. Oftmals überlege ich, ob den Männern tatsächlich einer abgeht, wenn sie mit Engelszungen auf uns Frauen einquatschen. Erleben sie die innerliche Befriedigung, indem sie uns becircen und wir ihnen ein Lächeln schenken? Ziemlich einfach, wenn es so einfach wäre.

„Ich möchte meinen Führerschein bestehen und nicht mit Ihnen flirten!“, antwortete ich genervt. Nein, ich hatte mich nicht deutlich genug ausgedrückt. Seine Hand legte er auf meinen Oberschenkel. Sehr direkt fuhr sie entlang der scharfen Linie, die zu meinem höchsten Gut gehörte. Dem Hügel der Lust. Ohne zu zögern nahm ich sie beiseite und fuhr den Wagen rechts ran. „Oh ja, das ist eine gute Idee!“. Scheinbar hatte der Fahrlehrer nicht begriffen, was mich zu dieser Handlung trieb, das Fahrzeug an den Seitenrand zu parken. Glaubte er etwa an ausgiebige Zungenküsse? An ein Streicheln meiner Vagina, damit sein Schwanz in Wallung kam? Dass ich es ihm erlauben würde? Provokant streckte er seine widerliche Zunge zwischen seinen Lippen hervor und wedelte mit ihr in der Luft herum, während er sich mir bedrohlich näherte. Eine Ohrfeige gab ich ihm. Eine sehr schmerzhafte. Dann stieg ich aus und verschwand eiligen Schrittes über die befahrene Straße. Das durfte doch nicht wahr sein. Hey, ich wollte den Führerschein machen und nicht meinen Hintern hinhalten für einen geilen Lustmolch, der als Fahrlehrer glaubte, sich bei seinen Schülerinnen alles erlauben zu dürfen. Mehr als zehn Fahrstunden lagen hinter mir und auch einige Theoriestunden hatte ich absolviert. Wenn ich die Fahrschule wechselte, woher sollte ich wissen, ob man mir dort die geleisteten Stunden anrechnete? Wahrscheinlich würde man das nicht tun und man war auch nicht dazu verpflichtet. Während ich mir den Kopf zermarterte, wie es weitergehen sollte, mit dem Wunsch, endlich Autofahren zu können, klingelte dieser Lustmolch doch tatsächlich wenige Tage später an meiner Wohnungstür. Er entschuldigte sich für sein uncharmantes Verhalten. Damit hätte ich niemals gerechnet. Dass er es wohl aus Angst heraus getan hatte, weil ich ihn hätte anzeigen können, woher sollte ich es wissen? Wir kommunizierten über meinen Balkon. Niemals hätte ich ihm die Tür geöffnet. Er bat mich, zurückzukommen und er versprach, artig zu sein. Ich schenkte ihm Glauben. Was blieb mir anderes übrig. Jedoch trug ich in jeder Fahrstunde die Sorge, dass er es wieder versuchen würde. Das Pfefferspray war mein Begleiter. Der Fahrlehrer nahm sich arg zusammen, das spürte ich. Wie viele Schülerinnen es wohl über sich hatten ergehen lassen, dass er an ihnen Hand anlegte? Einige. Aus Angst, dass sie die Prüfung nicht bestanden, ließen sie diese Schikane über sich ergehen. Manipulieren nenne ich es. Wenn Menschen andere Menschen manipulieren, tun sie es aus Geldgründen oder wegen Sex. Diejenigen, die manipuliert werden, tragen Sorge, dass sie versagen oder nicht akzeptiert werden könnten. Welch widerliches Geschäft… Auch ich rasselte einmal durch die theoretische Prüfung. Zugegeben, ich lernte auch nicht. Faul war ich. „Wir können deiner Faulheit Abhilfe verschaffen, Franzy!“, lachte der Fahrschullehrer über mein Versagen. „Und wie?“, fragte ich melancholisch. „Naja, du gibst mir etwas von dir und ich gebe dir etwas von mir?“

Ich fiel vom Glauben ab. Da hätte der Kerl also tatsächlich meine Prüfungsergebnisse gefälscht, wenn ich mit ihm ins Bett gestiegen wäre… „Überleg es dir Franzy, denn wenn du noch zwei Mal durchfällst, dann wird es teuer und ich weiß nicht, ob du dir das leisten kannst!“ Für den aufgesetzten mitleidigen Blick hätte dieser Typ einen Schlag in sein dummes Gesicht verdient gehabt. Ich hielt mich zurück. Gut, der Kerl wollte Sex… Ich wollte den Führerschein. Funktionell gesehen war es ein leichtes Spiel. Er hatte was ich wollte und umgekehrt. Wie oft hatte ich dieses Spiel gespielt? Jedoch machte es sich der Herr Fahrlehrer etwas zu leicht. Zu leicht in meinen Augen. „Wenn ich es mit Ihnen treibe, bekomme ich vorher den ausgestellten Führerschein gezeigt?“. „Aber selbstverständlich mein Kind!“, äffte der Fahrlehrer und griff sich gierig an die Ausbeulung seiner Jeanshose. Du meine Güte, wie abartig er war. Da erinnerte ich mich an einige der Freier, vor dessen Füße ich ihrer bedingten Hässlichkeit wegen hätte kotzen können, aber dieser schräge Kandidat hier schoss eindeutig den Vogel ab. „Kann ich den vorher mal sehen?“ Sicherheitshalber wollte ich kein Risiko eingehen. „Ja ja, kannst du alles sehen!“. Der Typ lag längst in seinen sexuellen Tagträumen und erlebte die geistige Wiederbelebung seiner Perversität. Dass er es anders mochte, als normale Männer, dafür sah ich ihn an. Es gab Männer, deren Gesichter sprachen Bände. Zu viele von ihnen hatte ich studiert. Meine Menschenkenntnis war gut, zumindest hinsichtlich ihrer sexuellen Fähigkeiten. Das hier mit diesem schrägen Vogel würde eine saftige Nummer werden, das ahnte ich. War es mir das wert? Ja, das war es mir. Ich zweifelte nicht daran, dass ich den Führerschein nicht auch so bestanden hätte, jedoch wollte ich dem Fahrlehrer eine Lektion erteilen. An die kleinen unschuldigen Mädchen dachte ich, denen er Angst einjagte mit seiner dreisten und grosskotzigen Art, hilflose Schülerinnen manipulieren zu wollen. Er konnte ja nicht wissen, mit wem er es zu tun hatte. Dieses Mal hatte er sich mit der Falschen angelegt. „Du bezahlst das Hotel?“ In die Vollen ging ich. Legte den Silberblick auf. Meine Augenlider kniff ich geheimnisvoll zusammen. „Ja na klar Schätzelein!“, flachste der Fahrschullehrer.

Am gleichen Abend verabredeten wir uns vor einem namhaften Hotel etwas außerhalb der Stadt. Einem Stundenhotel der gehobenen Klasse. „Wir könnten uns Pizza bestellen, miteinander ficken und dann einen Film ansehen und anschließend ein wenig im Whirlpool relaxen!“ Gute Idee du Ficker, dachte ich bei mir. Gut, warum sollte ich es mir nicht auf seine Kosten eine Nacht lang gut gehen lassen und obendrein noch den Führerschein kassieren? In meinem Rucksack hatte ich alle nötigen Utensilien zusammengepackt, die ich benötigte. Der Fahrlehrer war verheiratet. Die Telefonnummer, seine private, hatte ich fix ausfindig gemacht. Recherchieren, nannte ich es.

Nachdem der Zimmerservice also die Pizza anlieferte und wir ziemlich vollgefressen anschließend auf dem Bett lagen, zog ich mich aus. Die schönsten Dessous hatte ich angezogen, viel zu schade war es, mich von ihnen zu trennen, doch ich entblößte mich. Das dachte sich wohl auch der Fahrlehrer denn er bat mich, ein wenig im Zimmer vor seinen Augen auf und ab zu stolzieren. Den Gefallen tat ich ihm. Nur zu gern. Den Modelgang, ich hatte ihn drauf. Dann, wenn ich ihn brauchte. Heute war einer dieser Tage, an dem ich froh war, ihn zu beherrschen. „Bevor ich mich ausziehe, möchte ich den Führerschein sehen und ihn in meine Handtasche stecken!", ließ ich meine Anweisung hinsichtlich meiner Bedingungen verlauten. Tatsächlich gab mir der Fahrlehrer dieses rosafarbene Mäppchen. Mein Name, meine Adresse, der Stempel und die Unterschrift eines Prüfers waren eindeutig zu identifizieren. Wie auch immer diese Daten gefälscht worden waren, welchen Deal der Fahrlehrer mit dem Prüfer getroffen hatte, ich steckte den Führerschein zufrieden in meine Handtasche und war ab sofort im Besitz einer gültigen Fahrerlaubnis. Ein schlechtes Gewissen hatte ich nicht. Nö, warum auch?

Dem Fahrlehrer vögelte ich in dieser Nacht den Verstand aus seinem maroden Hirn. Getäuscht hatte ich mich nicht in ihm. Er verlangte Dinge, die eine normal veranlagte Frau durchaus hätten überfordern können. Er wollte es von hinten, während ich mich in meiner Scheide mit einem Vibrator befriedigte. Beides zeitgleich. Das ist für eine Frau bereits Höchstleistung. Zumindest, wenn der Typ, der dich in den Hintern fickt mit einem Schwanz ausgestattet ist, der dir den Arsch aufreißt im wahrsten Sinne des Wortes. Einen Führerschein für seine männliche Bestückung besaß dieser widerliche Kerl scheinbar nicht. Er führte sich auf in meinem After, als wollte er ein Feld umpflügen wie ein Ackergaul, der auf der Flucht war. Ich hielt dem Drama stand. Ich war einiges gewohnt. Auf meine Frage, ob er es gern auch einmal gefesselt mit mir treiben wollte, erhielt ich ein klares Ja. Weil ich ihm ins Gesicht log, dass ich mir das von ihm wünschte, dass ich ihn während er mir hilflos ausgeliefert war, von oben ritt, erstrahlte seine dämliche Visage in einem Leuchten, welches mich an die aufgehende Sonne über Japan erinnerte. Begeistert war er von meinen Ideen.

Leider wurde aus dem Ritt von oben für den Cowboy nichts mehr. Nachdem ich den Typen gefesselt hatte und er widerstandslos im Bett lag, schob ich ihm einen Knebel in seinen Mund. Niemand sollte hören, wenn er anfing zu wimmern, während ich das Zimmer verließ, um seine Frau zu benachrichtigen, dass sie ihren Mann im Stundenhotel an der 14. Ecke, oberste Etage, Zimmer 9 abholen konnte.

Was aus den beiden geworden ist, dem Fahrlehrer und seiner Frau, keine Ahnung. Eine Zeitung hatte ich nicht abonniert. Vielleicht gab es einen Artikel, in dem geschrieben stand, dass eine Ehefrau ihren untreuen Ehemann gefesselt und geknebelt in einem Stundenhotel vorfand, weil sie von der Hure ihres Mannes über dessen Verbleib dort informiert worden war. „Frau Schmidt, Ihr Mann möchte aus der Spielecke abgeholt werden!“ So in etwa lautete damals mein Anruf bei dieser gehörnten Ehefrau. Ein Biest konnte ich sein, wenn mir danach war.

Kapitel 5

Jolene

Meine kleine Schwester Jolene. In eine Pflegefamilie hatte man sie nach dem Tod unserer Mutter gesteckt. Wir lagen knapp dreizehn Jahre auseinander. Jolene war ein Nachzügler unserer Mutter gewesen. Die Kleine war also mittlerweile um die 12 Jahre alt. Während ich zu meinem Bruder Kevin kaum Kontakt pflegte, weil er diesen nicht wünschte, hielt ich den Zeitpunkt für geeignet, Jolene zu suchen und ihr einen Besuch abzustatten. An den erbärmlichen Leiter des Jugendamtes erinnere ich mich. Durch ihn war es möglich gewesen, das jahrelange Martyrium aufrecht zu halten, dass wir Kinder nicht aus den Händen unserer Mutter gerissen wurden. Er fälschte Berichte und Angaben über unsere Verhältnisse. Die Gegenleistung erbrachte unsere Mutter, in dem sie den Amtsleiter ihre Gefälligkeiten entgegenbrachte, die der werte Mann zuhause bei seiner Frau nicht erfuhr und auch nicht ausleben konnte. Sexuell stand unsere Mutter ganz im Dienste des Jugendamts. Der Amtsleiter hatte bereits das Zeitliche gesegnet. Das erfuhr ich, während ich die Jugendamtsleitung aufsuchte, um mich nach dem Verbleib meiner kleinen Schwester zu erkundigen. Wie gern hätte ich Jolene zu mir genommen. Als ich 12 Jahre alt war, hatte ich die Kleine bereits im Kinderwagen durch die Gegend chauffiert. Entlang des Ententeichs und der Eichenbaumallee. Den Spielplatz hatte ich ihr gezeigt und die Sehenswürdigkeiten unserer Stadt. Wir waren ein Herz und eine Seele. Unzertrennlich. Lange Zeit hatte ich meine Schwester nicht gesehen. Ob sie sich noch an mich erinnerte? Bestimmt! Eine andere Antwort wollte ich gar nicht gelten lassen, als die, dass sie sich freuen würde, mich zu sehen. Wenn es auch niemanden mehr gab, den ich zu meiner Familie zählte, meine kleine Schwester war ein Teil von mir, sie besaß einen festen Platz in meinem Herzen.

Erstaunlicher Weise gab man mir Auskunft über Jolenes Verbleib. Allerdings unter dem einschränkenden Hinweis, dass man es mit der Pflegefamilie abklären musste bezüglich eines Termins. Dagegen war nichts einzuwenden. Tagelang wartete ich auf den Anruf. Nichts geschah. Also ging ich den verantwortlichen Menschen, die den ganzen Tag lang nichts anderes zu tun hatten, als Akten zu wälzen und aus ihren Hintern Fürze in die Bürostühle zu drücken, weiterhin auf den Zeiger. Die

Aussagen und Vertröstungen waren schwammig. Man hätte noch nichts und niemanden erreicht. Dann wollte die Pflegefamilie angeblich keinen Kontakt herstellen, weil es nicht Jolenes Bedürfnissen entsprechen würde, ihre drogenabhängige und sich prostituierende Schwester wiederzusehen. Ich wäre kein Umgang für das Mädchen, das in wohlbehüteten Verhältnissen aufwuchs. Wie sollte ich das bitteschön verstehen? Meine kleine Schwester wollte mich nicht sehen? Das kaufte ich niemanden von den Behörden ab. Was für elendige Lügengeschichte tischten sie mir auf? Angst überfiel mich. Vielleicht war Jolene etwas zugestoßen und man wollte mir nicht die Wahrheit sagen…

Doch meine Geduld und die Verbissenheit, die Beamten weiterhin um einen Termin zu drangsalieren, zahlten sich aus. Den Termin erhielt ich. Du liebe Güte war ich aufgeregt. Ein Geschenk besorgte ich für die Kleine. Ein Kuscheltier. Einen kugelrunden Teddybär mit liebevollen Knopfaugen. Hätte ich doch nur gewusst, wie groß meine kleine Schwester bereits geworden war.

Mit der Straßenbahn fuhr ich zu der genannten Adresse. Je näher ich der Haltestation rückte, an der ich aussteigen sollte, desto kräftiger schlug mein Herz. Vor Aufregung natürlich. Die Freude überwog jedoch der Angst und meiner Unsicherheit. Endlich wieder meine kleine Schwester im Arm halten zu dürfen. Welch ein wundervoller Gedanke.

Man begegnete mir freundlich, während man mir Einlass gewährte. In ein Haus, in dem der Luxus wohnte. Staunend betrachtete ich die Gegebenheiten, die sich mir boten. Jeden Menschen hätten sie ins Schwärmen gebracht. Ein Swimmingpool verschönerte den Garten. Einem Rosengarten, in dem unendlich viele Obstbäume angereiht waren, so weit mein Auge blicken konnte. An diesem Ort roch es nach verdammt viel Geld. Meiner kleinen Schwester würde es materiell sicherlich an nichts fehlen. Es stimmte mich zufrieden. Wenigstens einer von uns Kindern hatte den Frieden gefunden in seiner zerrütteten Seele und wurde entlohnt für die zurückliegenden Qualen.

Und dann stand sie plötzlich vor mir. Meine kleine Schwester. Im Wohnzimmer wartete ich nervös auf sie, während ein Mann, der sich als Jolenes Pflegevater ausgab, ihren Namen durch das Treppenhaus rief. „Franzy ist hier!"

Jolene betrachtete mich mit weit geöffneten Augen, als sie durch die Tür schritt. Lächelnd erhob ich mich von meinem angewiesenen Platz und trat energisch auf meine Schwester zu. Wortlos umarmten wir uns. Eine gefühlte Ewigkeit hielten wir uns im Arm. Niemand sprach ein Wort. Wir fühlten uns in die altbekannte Nähe des anderen ein und ließen diese auf uns wirken. Da gab es zunächst nichts zu sagen, die wichtigen Dinge mussten erspürt und erfühlt werden. Man ließ uns alleine. Die Tür der Stube verschloss sich. Tränen liefen über meine Wangen. „Du bist so groß geworden! Bist du es wirklich?“, lachte ich unter Tränen. „Ja! Ja ich bin es Franzy! Danke dass du hergekommen bist, ich habe dich vermisst!“

Jolene erzählte mir, dass ihre Pflegeeltern keine eigenen Kinder bekommen konnten und sie Jolene bei sich aufgenommen hatten mit der Absicht, sie zeitnah zu adoptieren. „Warum bist du nicht viel früher hergekommen, Franzy?“ Jolenes Gesicht wurde ein wenig ernster, nachdem wir eine Weile geplaudert hatten. Ich atmete tief ein. „Mein Leben ist kein einfaches!“, sprach ich langsam, obwohl ich es gleich bereute, diese Worte gewählt zu haben. Warum sollte ich meiner Schwester erzählen, welch ein armseliges Leben ich führte? Warum wollte ich ihr das antun, dass sie wusste, ihre ältere Schwester hauste im Sumpf, lebte im Dreck? Ablenken musste ich. „Wenn du möchtest, kannst du mich besuchen, Jolene. Eine eigene Wohnung habe ich und ich besitze einen Hund. Er heißt Remo.“ Jolenes Augen wurden immer größer. „Einen Hund?“, fragte sie ungläubig. „Ja“, strahlte ich. Jolene nickte begeistert. „Sehr gern möchte ich kommen, Franzy!“, lachte sie. Und wieder lagen wir uns in den Armen. So viele Fragen brannten mir auf der Seele, die ich meiner kleinen Schwester gern alle gleichzeitig gestellt hätte. Intime, sehr familiäre Fragen. So spürte ich jedoch, dass Jolene noch zu jung war um das Ausmaß der Tragödie zu begreifen. „Gehst du Mama besuchen, auf dem Friedhof?“, stellte Jolene mir schließlich eine sehr persönliche Frage, die ich verneinen musste. An dem Grab unserer Mutter war ich ewig nicht gewesen. „Vielleicht können wir zusammen hingehen, wenn ich dich besuche“, flüsterte Jolene. Ich nickte. „Ja, das machen wir, das ist eine wunderbare Idee!“

Jolenes Pflegeeltern versprachen, dass ich meine Schwester regelmäßig besuchen durfte, sofern ich das tun wollte. Ebenso erlaubten sie, dass Jolene mich besuchte. In meiner Wohnung. Mir fiel ein Stein vom Herzen bezüglich der Kooperation dieser herzlichen Menschen. Jolene war das letzte Mosaiksteinchen, welches mich noch an Familie erinnerte. Das Gefühl sollte mir nicht völlig verlorengehen. Auch wenn es in meinen Augen niemals eine Familie gegeben hatte, so bestand die Möglichkeit durch den Kontakt zu meiner Schwester das Verhältnis zu stabilisieren.

Und ja, Jolene besuchte mich. An den Wochenenden durfte sie sogar einmal bei mir übernachten. Wie wundervoll das war, als meine Schwester und ich zusammen im Bett lagen und uns über vergangene Jahre unterhielten. An einiges konnte sich Jolene erinnern. Vor allen Dingen daran, dass immer wiederkehrende fremde Männer in dem Haus unserer Mutter ein und ausgingen. Was unsere Mutter genau mit diesen Männern veranstaltet hatte, war Jolene nicht geläufig. Ihre

Pflegeltern hatten mich, bevor sie erlaubten, dass Jolene mich besuchte, darum gebeten, dass ich Stillschweigen bewahrte über unsere Vergangenheit. Jolene sollte nicht erfahren, aus welchem Hause sie kam und was ihre Mutter mit den fremden Männern getrieben hatte. Im Grunde genommen sprachen sie mir damit aus dem Herzen. Jedoch gab es Dinge, die ich gern mit Jolene geteilt hätte. Meine seelischen Schmerzen über die verlorene Kindheit. So vieles hatte unsere Mutter uns genommen und in unseren zarten Seelen zerstört. In der Nacht kuschelte ich mich ganz eng an meine kleine Schwester und streichelte liebevoll ihr Haar. Sie war ein Teil von mir. Ich hatte sie so unendlich lieb. Ihre Unschuld, ihr sanfter Blick, voller Neugierde war sie. Auf das Leben und auf das, was es ihr zu bieten hatte. Inständig hoffte ich, Gott würde sie niemals enttäuschen oder wer auch immer für die Verteilung der Gerechtigkeit zu sorgen hatte. Meine kleine Schwester. Ihre zerbrechliche Seele durfte kein Unheil erfahren. So vieles hatte ihr Herz ertragen müssen. Auch wenn die Tragweite des Dramas nicht so bewusst an ihrer kindlichen Seele zum Tragen gekommen war wie in meiner.

Jolene und Remo. Welch ein wundervolles Bild, wie Hund und Kind zusammen über die Wiesen tobten. Zum nahegelegenen See waren wir gewandert. Unsere Badesachen im Rucksack verstaut ließen wir uns im Schatten einer großen Eiche nieder und picknickten, nachdem wir einige Runden im Wasser geschwommen waren. Der Wunsch nach einem eigenen Kind wurde größer in meinem Herzen. Ebenso das Wunschdenken nach Halt und Geborgenheit. Nach einem Partner, der mich liebte und akzeptierte, wie ich war, sehnte ich mich. Mich annehmend mit all meinen Fehlern und Schwachstellen.... Vergebens suchte ich diesen Menschen.

Kapitel 6

Polanski

Mein Job florierte. Die Männer standen Schlange und ich verdiente gutes Geld an ihnen. Allein arbeitete ich. Ohne Zuhälter. Nein, ich hatte keine Angst vor den Männern. Furchtlos wartete ich auf dem Straßenstrich auf meine Aufträge.

Das Geld war zusammengespart. Für den größten meiner Träume. Für mein Pferd. Vielleicht war es der absolut falsche Zeitpunkt, herzugehen und ein Pferd zu kaufen. Jedoch schrie mein Herz nach diesem Wunsch.

Bei einem windigen Pferdehändler wurde ich schnell fündig. Ein Rappe sollte es sein. Am liebsten ein spanisches Pferd. Als ich mit Wolfgang in Spanien meinen ersten Urlaub überhaupt verbracht hatte, war es um mich geschehen hinsichtlich der andalusischen

Pferde. Einen Andalusier hatte der Pferdehändler mir allerdings nicht zu bieten. Ein ausrangiertes Springpferd, das keine Lust mehr hatte, über Hindernisse zu springen, zeigte er mir. Eine Gestalt, die den Eindruck erweckte dem eines rumänischen Ackergauls, der jeden Tag vor den Pflug gespannt wurde und nichts zu fressen vorgesetzt bekam. Eine schreckliche Kreatur. Ein Mitleidskauf meinerseits. Der Pferdehändler lieferte den schwarzen Äthiopier bis zu meinem auserwählten Stall. Äthiopier nannte ich das Tier, weil es genauso dünn war wie diese armen Menschen in dem Land, in dem Hunger und Dürre herrschten. Dennoch war ich stolz. Mein eigenes Pferd! Endlich! Wie lange hatte ich für diesen Traum gelebt. Ein Rappe hatte es immer sein sollen und nun stand er in seiner Box und fraß hingebungsvoll sein Heu. Dankbar leckte das Pferd meine Hand. Ob es wohl wusste, dass ich es aus reinem Mitleid mitgenommen hatte? Ach, wenn Tiere doch bloß sprechen könnten.

Jolene würde Augen machen, wenn ich ihr mein Pferd „Polanski“ zeigte! Den außergewöhnlichen Namen trug das schwarze Pferd. Vielleicht war er benannt worden nach dem berühmten Regisseur Roman Polanski? Die genaue Geschichte meines Pferdes Polanski verfolgte ich nicht. Nein, ich wollte von der Vergangenheit des Tieres nichts wissen. Genau wie ich mit meiner endlich abschließen wollte, sollte auch dieses Pferd ein Recht darauf haben, unbescholten eine Partnerschaft mit mir einzugehen, ohne dass ich diese von seiner

Vergangenheit abhängig machte. So, nun hatte die Franzy erst mal keine Zeit mehr, ihrer Arbeit nachzugehen. Mit Gummistiefeln und alter Jeanshose an meinem Körper stand ich täglich im Pferdestall und mistete Polanskis Behausung sauber. Beobachtete ihn hingebungsvoll, wenn er auf der Weide seine Runden zog. Seine Galoppsprünge waren kraftvoll und erhaben. Dass er einst ein sehr gutes Springpferd gewesen sein musste, glaubte ich wohl angesichts dieser atemberaubenden Bewegungen. Reiten wollte ich ihn zunächst nicht. Er sollte an Muskeln und Körpermasse zunehmen, bevor er mich tragen musste. Die anderen Mädchen, die ebenfalls in dem Stall ihre Vierbeiner untergebracht hatten, in welchem Polanski beheimatet war, lachten über das in ihren Augen schrecklich aussehende, hässliche Pferd. Ihr Spott prallte an mir ab. Nein, ich war nicht zartbesaitet. Wenn es mir irgendwann zu viel werden sollte, so würde ich den aufgetakelten Püppchen mal die Meinung geigen. Vielleicht ärgerten sie sich auch nur, weil ihre männlichen Begleiter, wenn sie diese bei den Pferdebesuchen begleiteten, meist nur Augen für mich hatten. Warum das so war? Keine Ahnung. In Gummistiefeln, nach Pferdescheiße riechend und dreckigen Klamotten fand ich mich nicht unbedingt attraktiv…

Jolene war begeistert von Polanski. Sie bettelte, ihn reiten zu dürfen. Ihr trauriges Gesicht, als ich ihr erklärte, dass der Bursche noch ein wenig Zeit brauchte, um

Muskeln aufzubauen. „Och Franzy, bitte!“, jammerte sie. Du liebe Güte, dem war schwer zu widerstehen. Doch blieb ich standhaft. Dem Tier zuliebe.

Die Wochen zogen ins Land. Mein Leben hatte scheinbar einen Stillstand zu meinem schrecklichen Alltag eingelegt, um sich einer ganz anderen Aufgabe zu widmen. Ein Pferd zu trainieren. Ein wirklich völlig neuer Lebensabschnitt für meine geschundene Seele. Ich blühte auf. Mit Polanski zusammen spazieren zu gehen, Remo im Schlepptau zu haben, der uns brav folgte, während wir dem Sonnenuntergang entgegenschritten, gab mir ein Gefühl unendlicher Freiheit.

Als ich mein Pferd das erste Mal ritt… Unbeschreiblich! Wundervoll und ein einzigartiger Augenblick. Zunächst versuchten wir uns auf sicherem Gelände. Der eingezäunte Reitplatz musste herhalten. Nach einigen Tagen ging es dann endlich hinaus. In den Wald. Ich konnte von dem Gefühl, auf Wolken zu schweben, gar nicht genug bekommen. Pferde verleihen uns Flügel, die wir nicht haben. Eine weitläufige Wiese hatten Polanski und ich zu unserer Rennstrecke ernannt. Hier ließ ich dem Rappen freien Zügel und er flog dem Horizont entgegen. Meine Arme breitete ich aus. Atmete den scharf peitschenden Wind in meine Lungen, während mein Herz vor kaum zu glaubendem Glück lachte.

Wir waren frei.

Mein Herz und dieses Pferd, dessen Bewegungen unter mir und der Klang seiner Hufe mich in einen Rausch versetzten, der mich süchtig machte und den ich wieder und wieder erleben wollte. Gleich früh morgens nach dem Aufstehen machte ich mich auf den Weg zum Stall. Mal fuhr ich mit dem Fahrrad, mal mit dem Auto. Ein eigenes Auto hatte ich angeschafft und neben Polanski war diese Anschaffung etwas, das mich unheimlich stolz machte. Weil es von meinem Geld bezahlt war und ich alles völlig allein arrangiert hatte. Während die Mädchen, die sich mit mir damals zeitgleich prostituierten, über keinerlei Freiheit verfügten, sondern lediglich für ihr armseliges Dasein lebten, genoss ich den Umstand, über mein Leben selbst bestimmen zu können.

Meine Schwester war glücklich. Das höchste Glück der Erde liegt auf dem Rücken der Pferde. Sie lachte und jauchzte vor Glück, als sie in Polanskis Sattel steigen durfte. Meine kleine Schwester war eine ausgezeichnete Reiterin. Ihre Pflegeeltern hatten recht früh den Besuch in der Reitschule erlaubt und Jolene saß bereits seit mehreren Jahren fest im Sattel. Reittechnisch ließ sie mich alt aussehen. Jolene harmonierte hervorragend mit Polanski. Wenn ich also einmal keine Zeit fand, mich um das Pferd zu kümmern, Jolene war zur Stelle.

Es war herrlich, meine Schwester so unbekümmert zu sehen.

Kapitel 7

Ein Job

Zu meinem Glück fehlten mir eigentlich nur noch zwei Dinge in meinem Leben. Ein vernünftiger Job und eine neue Liebe. Den Job zu finden, hielt ich einfacher als das mit der Liebe. Die Zeitung durchwühlte ich. Kaufte jeden Mittwoch und Samstag das Blättchen, in dem Stellenanzeigen in der näheren Umgebung ausgeschrieben waren. Dort gab es immer etwas an Jobs welche meine Aufmerksamkeit erweckten, jedoch verlangten die Aufgabenfelder alle eine vernünftige und abgeschlossene Berufsausbildung. Diese hatte ich nicht vorzuweisen. Dennoch probierte ich mein Glück und schrieb Bewerbungen. Während ich auf mögliche Rückantworten wartete, gab ich mich weiter meinem Job hin, die Männer zu bedienen. Immerhin brachte mir das Geld, denn die Stallmiete für Polanski sollte bezahlt werden. Bisher hatte ich mich nicht mit der Frage auseinandergesetzt, was eigentlich passierte, wenn ich einmal krank werden sollte. Woher hätte ich das nötige Geld nehmen sollen? In meinen naiven Augen glaubte ich, mir würde mir das nicht passieren. Unfehlbar fühlte ich mich. Hatte ich vom Leben noch nicht genug ausgeteilt bekommen, dass ich in Sorge hätte leben müssen? Schlimmer ging immer.

Mit Polanski galoppierte ich wieder einmal durch meine endlos scheinende Freiheit. In den Abendstunden hatte ich mich für einen späten Ausritt entschieden, um den Sonnenuntergang vom Pferderücken aus erleben zu können.

Es ging so verdammt schnell. Im gestreckten Galopp sackten Polanski plötzlich die Hufe weg und der Rappe strauchelte. Während das mächtige Tier mit dem Gleichgewicht kämpfte, verlor ich den Halt und stürzte vom Pferd. Unglücklicherweise fiel ich direkt unter das Tier. Polanski fiel ebenfalls zu Boden und begrub mich unter sich. Wahrscheinlich war er in ein Loch getreten, das ihn zu Fall gebracht hatte. Um mich herum wurde es dunkel.

Blackout.

Filmriss.

Als ich wieder zu mir kam, war es ein nüchternes Erwachen. Einige Rippenbrüche, eine Nierenquetschung und ein Riss in der Milz waren das Ergebnis meines Reitausflugs in den Sonnenuntergang. „Sie haben Glück gehabt, dass Sie sich nicht das Genick gebrochen haben!“, gab es eine Ermahnung vom Chefarzt des Krankenhauses in welchem ich erwachte. Zum Zeitpunkt des Unfalls trug ich keine Reitkappe.

Wie ging es meinem Pferd? Wer konnte mir Auskunft über das Wohlergehen meines geliebten Tieres geben? Ich erinnerte mich an den Sturz. In Panik geriet ich. Wer kümmerte sich um den Rappen? Was war, wenn Polanski ebenfalls etwas abbekommen hatte? Jolene besuchte mich im Krankenhaus. Die Freude war groß. Jedoch trübte sich diese recht schnell, als sie mir sagte, dass Polanski verletzt worden sei bei dem Unfall und es nicht gut für das Tier aussehe. Niemals hätte ich geglaubt, dass ich mich beständig auf dem Trip befand, Menschen, Tiere und Dinge in meinem Leben zu verlieren, die ich liebgewonnen hatte. Ich wollte zu meinem Pferd. Unbedingt. Sofort! Die Ärzte ließen mich nicht gehen und ich wäre beinahe völlig an der Situation verzweifelt. Die Ungewissheit, sie zermürbte mich. Meiner Entlassung fieberte ich entgegen, um endlich mein geliebtes Pferd zu sehen. Jolene versprach sich um Polanski zu kümmern.

Der Tierarzt hatte einen Sehnenschaden diagnostiziert. Die Sehne war gerissen und es stand nicht gut um das Pferd. Lange Zeit müsste der Wallach absolute Stallruhe genießen. Ob er jemals wieder reitbar sein würde, war ungewiss. Für mich spielte das keine Rolle. Ich liebte Polanski und wenn er keinen Sattel mehr tragen durfte, so würde ich mich an seinem herrlichen Anblick erfreuen.

Das Schicksal meinte es nicht gut mit mir. Das Pferd erlitt unter dem langen Stillstehen in seiner Box eine lebensgefährliche Kolik und es gab keine Rettung mehr für meinen vierbeinigen. Der Tierarzt schläferte Polanski ein. Für mich brach eine Welt zusammen. Selbst noch gebeutelt durch den schweren Reitunfall verlor ich mein geliebtes Pferd. Das Leben, ich hatte von ihm so verdammt die Schnauze voll. Das kann sich gar niemand vorstellen. Wie sehr war ich dieses elendige immer wiederkehrende Abschied nehmen leid geworden. In meinen Armen schlief der große Rappe ein. Während er die letzten Atemzüge nahm, nachdem er sich einige Male so elendig vor Schmerzen auf den Asphalt geschmissen hatte, war die Erlösung für das Tier eine Erleichterung. Stundenlang saß ich auf der Koppel, in meinen Armen der mächtige Kopf des Pferdes, dessen Augen sich niemals wieder öffnen würden. So hilflos und machtlos fühlte ich mich gegenüber den Dingen, die einfach ihren Lauf nahmen, ohne mich zu fragen, ob ich das in meiner Seele verkraften konnte. Stundenlang weinte ich über den Verlust des geliebten Pferdes.

Untröstlich war ich.

Wochenlang.

Nachdem ich meine Verletzungen auskuriert, und mich nach dem Vorfall erholt hatte, begab ich mich auf die Suche nach einem Job. Von all den Bewerbungen, die ich geschrieben hatte, gab es nicht eine Zusage. Es glich bereits einem Wunder, wenn ich überhaupt eine Absage erhielt. Manche der angeschriebenen Arbeitgeber hatten sich nicht einmal die Mühe gemacht, es zu bedauern, dass sie mich in ihren Stellenanzeigen nicht unterbringen konnten. Irgendwo musste doch jemand Arbeit für mich haben? An meine Kindheitstage erinnerte ich mich. Wie gerne hatte ich bereits als Kind mit Tieren zusammen gearbeitet. Mein Wunsch war es immer gewesen, später etwas mit Tieren zu machen. Bei uns daheim gab es keine Haustiere. Meine Freundinnen aus der Schulzeit besaßen meist alle irgendein Tier. Mäuse, Ratten, Hamster oder Hunde. Meine Mutter hatte das nicht erlaubt, dass wir Kinder einen Hund hielten. Dabei war unser Haus groß genug gewesen, während meine Freundinnen mit ihren Eltern alle eine viel kleinere Wohnung besaßen und diese von Tieren überbevölkert waren. Manchmal quälte ich meine Mutter mit dem Betteln nach einem Tier. Tagelang gab ich keine Ruhe. Sie blieb unerbittlich. Meine Mutter konnte hart sein. Ganz hart. Auch den Männern gegenüber. Das habe ich wahrscheinlich von ihr übernommen. Das Abgebrühtsein, die Kälte in ihren Augen und ihre Art, mit der sie sich den Männern hingab. Ihnen überlegen und professionell. Während die Männer sie ritten und vor Erregung japsten und stöhnten, rauchte sie in aller Seelenruhe eine Zigarette. Ihr Körper war ihre Ware und ihre Seele ließ sie außen vor. Meine Mutter konnte das trennen. Herz, Seele und Verstand. Für sie gab es nur die Dollarzeichen in den Augen. Dabei hatte sie nie wirklich Zeit, die Kohle, die sie verdiente, auszugeben. Wenn sie nicht mit den Männern beschäftigt war, dann kümmerte sie sich um uns Kinder. Während in den anderen Familien meiner Schulfreunde die Kinder von ihren Eltern verprügelt wurden, herrschte bei uns zuhause eigentlich die totale

Harmonie. Das ist so paradox und verrückt. Meine Augen sahen das Schlimmste, was Kinderaugen sehen können und ich erlebte grausame Gewalt, die mich krank machte. Jedoch war dieses Krankmachen von psychischer Natur, während meinen Freundinnen der Hintern brannte, weil sie wieder mal Schläge mit dem Rohrstock kassiert hatten. Dort, wo wir wohnten, und zu der damaligen Zeit Anfang der 80er Jahre, herrschten noch ganz andere Sitten, als heutzutage. Obwohl es „heute" so ist, wenn sich Türen schließen, niemand weiß, was hinter ihnen abgeht. In den Großstädten ist es sowieso anders als auf dem platten Land. In den asozialen Vierteln beherrschen Gewalt und Terror vorwiegend den Alltag der Menschen, die arbeitslos sind und ohne den Sinn ihres Lebens gefunden zu haben, aus Langeweile vor sich hinvegetieren. Kinder saßen mit Veilchen im Gesicht auf der Schulbank und die Lehrer sahen schweigend zu. Vielmehr, sie blickten über das Elend hinweg.

In Familien, in denen täglich Kloppe und Prügel ausgeteilt wurden, verlief der Weg der Kinder schnurstracks ab in den Drogensumpf. Haschisch. Heroin. Willkommen im Club. Wenn ich meine Freundinnen besuchte, was nicht allzu oft vorkam, weil die Eltern meiner Mitschülerinnen es gar nicht erlaubten, dass die Kinder mit mir spielten, (ich war ja die böse Hurentochter in deren Augen), erlebte ich die widerlichen „Spielchen" und „Sitten" der Erwachsenen.

In einem Viertel unweit meines Elternhauses ging es heiß her. Dort fuhr jeden Tag die Polizei vor, um aufgebrachte Väter zu beruhigen, die sich wieder einmal an ihren Frauen vergriffen hatten und ihre Kinder verkloppten. Meist waren es die Nachbarn, die die Beamten verständigten. Die Frauen hatten viel zu große Angst vor ihren gewalttätigen Männern, als dass sie sich aufgelehnt hätten. Außerdem, niemand von den Frauen hätte freiwillig die Familie verlassen. Der totale Zusammenbruch wäre eine finanzielle Katastrophe gewesen. Das Geld reichte nicht zum Leben und nicht zum Sterben.

Mit meiner Freundin Anne hieß sie, saß ich vor zig Jahren auf der Schaukel des berüchtigten Spielplatzes in der besagten Straße der Hochhaussiedlung. Dem Wohnort der Proleten, so nannte meine Mutter das Viertel. Wir Kinder waren vielleicht 11 Jahre alt, während wir ahnungslos schaukelten. Plötzlich flogen Möbel aus dem Fenster einer Wohnung in einem der oberen Stockwerke. Für uns Kinder war das eine Attraktion. Es war spannend wie in einem echten Film, den sich jemand ausgedacht hatte und den wir als Kinder nicht angucken durften, weil unsere Eltern das nicht wollten. Dort in dem Viertel erlebten wir diesen Film live und in Farbe. Wir wussten, in dem Wohnviertel herrschte nur eine Lebensregel: Schlagen oder geschlagen werden. Die Kinder von dort waren rotzfrech. Auch wenn sie nicht stark waren körperlich, so hatten sie eine Klappe am Hals, mit der sie den Kindern aus anderen Wohngegenden angstmäßig richtig einheizten. Ein zierliches Mädchen, welches immer ein rotgeblümtes Kleidchen trug, war dünn wie ein Suppenkasper. Wir lachten sie aus. Marianne hieß sie. Ihren Namen verriet uns eins der anderen Kinder. Sie alle hassten Marianne und niemand wollte mit dem Mädchen spielen. Marianne wohnte im obersten Stockwerk des Hochhauses, von dem es zwölf an der Zahl gab. „Die stinkt!", sagte ein Junge, als wir ihn nach Marianne befragten. „Die kackt einfach in den Hausflur!", frotzelte ein anderes Mädchen. Marianne imponierte mir. Mit ihren dünnen Ärmchen verteidigte sie sich handgreiflich geschickt gegen zwei größere Jungen, die ihre Puppe wegnahmen. Zähnefletschend lief sie den Jungs nach und warf ihnen Steine hinterher. Eines der Kinder traf sie am Kopf. Der Junge strauchelte. Als er hinfiel, stürzte sich Marianne auf ihn und schlug mit ihren kleinen Fäusten in sein Gesicht. Wieder und wieder. Dabei spuckte sie ihm in die Augen. Kratzte und biss ihm sogar in sein Ohr. Sie heulte wie eine Hyäne, während sie den Jungen fertigmachte. Die anderen Kinder gesellten sich neugierig dazu, bildeten einen Kreis und feuerten Marianne an: „Hau zu! Hau zu! Hau zu!", riefen sie im Chor. Während dieser Szene, die sich auf dem Spielplatz ereignete oder in dem Hausflur, hörte man Frauen schreien, weil sie wieder geschlagen wurden. Von den Vätern der Kinder, die unten auf der Straße ein kleines Mädchen anheuerten, ein anderes Kind zu vermöbeln. Ja auch ich war in dem

Geschehen zugegen und nur zu gern war ich es. Es war beinahe eine Sucht, die berüchtigte Straße der vergessenen Kinder aufzusuchen. Wir alle waren vergessene Kinder. Von unseren Eltern gezeugt worden, weil sie im Alkoholrausch gevögelt hatten ohne zu verhüten. Weil unsere Mütter vergewaltigt worden waren von besoffenen Männern oder aus dem Geschäft der Prostitution ungewollte Kinder hervorbrachten. Bei meiner Mutter hatte ich es oftmals erlebt, dass die Freier ihr verboten, ein Kondom zu verlangen. Wenn sie den Geschlechtsverkehr deshalb ablehnen wollte, flogen die Geldscheine über den Tisch. Mit dieser Taktik war auch sie zu überreden. Wie viele Kinder sie letztendlich in ihrem Leben abgetrieben hatte, ich weiß es nicht. Es müssen einige gewesen sein. Je älter ich wurde, desto mehr wurde ich mir der Gefahr einer Immunkrankheit namens AIDS bewusst. Ein Thema, mit dem man sich als Kind selbstverständlich nicht beschäftigt. Wie war meine Mutter mit diesem heiklen Thema umgegangen? Sie musste es doch auch gewusst haben! Ging sie so leichtfertig das Risiko einer Ansteckung ein, nur weil ihr das verdammte Geld wichtiger war als alles andere? Das will und kann ich nicht glauben. Jedoch vermute ich, dass es den Tatsachen entspricht. Es war ihr egal. Ebenso war es ihr egal, uns Kinder vielleicht anzustecken. Mittlerweile war es so, dass in den Bordellen keine Frauen aufgenommen wurden, die keinen einwandfreien, negativen Aidstest vorlegen konnten. Einige der Mädchen, die ich vom Straßenstrich kannte, unterzogen sich diesen Blutuntersuchungen und sie bangten über die Ergebnisse. Sie wollten fort. Fort von der Straße und in sicherer Umgebung ihrem Gewerbe nachgehen. Auf der Straße herrschten Gewalt, raue Sitten, Prügel und Drogen. Oft genug gab es dort tote Menschen zu sehen, oder solche, die in öffentlichen Toilettenhäuschen zusammengebrochen waren.

Einige der Mädchen stiegen eiskalt über diese Drogenleichen hinweg, um sich die Schminke in ihren Gesichtern am Spiegel zu richten. Über den Wänden der Toiletten waren Fratzen gemalt und mit Sprayzeugs Initialen hinterlassen. Das Gruselkabinett schlechthin, die öffentlichen Toiletten. Niemand rief die Polizei oder den Rettungswagen. Niemand von ihnen scherte sich um das Geschehen außerhalb. Man wusste, gab man nicht Acht, war man bald einer von ihnen. Von den Leichen, die hingerichtet worden waren durch den Konsum von Drogen, Sex, Missbrauch und Gewalt. Ein Leben, in dem es um den täglichen Kampf um das nackte Überleben ging. Zwei meiner damaligen Freundinnen waren an Aids erkrankt. Die Testergebnisse waren niederschmetternd. Angst beherrschte ab sofort den Alltag der Mädchen. Die Zuhälter warfen sie natürlich sofort raus. Wenn es sich rumsprach, dass die beiden infiziert waren, dann wäre auf dem Highway der Nutten der Krieg ausgebrochen. Die Männer, mit denen die beiden Geschlechtsverkehr hatten, hätten sich ebenfalls angesteckt haben können. Eine der beiden fand man wenige Tage nach dem Testergebnis tot in der Wohnung ihres Freiers. Überdosis Heroin, lautete das Getuschel der Vergessenen…und dass sie schwanger gewesen sein soll… Die Traurigkeit, ebenfalls ein zuverlässiger Begleiter in meiner Lebensgeschichte. Sie ist in jedem Kapitel zu finden.

„Wenn ich Aids habe, möchte ich auch so sterben, wie sie!“, sprach ein anderes Mädchen über den Tod des jungen Mädchens. Der Kick, den letzten Kick spüren und dann ab ins Grab. Welch eine Alternative blieb? Es gab keine. Außer den Absprung vom Straßenstrich zu schaffen und festangestellt im Rotlichtmilieu zu arbeiten. Mit dem Gedanken, mich ebenfalls einem Test zu unterziehen, spielte auch ich, natürlich. Jedoch saß die Angst zu tief. Was wäre, wenn ich HIV positiv wäre? Womit sollte ich mein Geld verdienen? Solange ich nicht wusste, ob ich Aids hatte oder nicht, machte ich mich in meinen Augen nicht schuldig.

Ein Mann sprach mich an. Auf offener Straße. Von wegen, er wüsste wer ich sei und so. Klar, die meisten Menschen wussten, wer ich war. Die Tochter der verstorbenen Edelhure Sophia. Die Franzy, die alle Wünsche erfüllte, waren sie auch noch so pervers und abartig. Er bot mir eine Stelle an in einem seiner Häuser, wie er die Clubs nannte, in denen nackte Frauen an Stangen tanzten und entblößte Mädchen den Zuschauern die Nächte versüßten. Angucken sollte ich mir seinen Laden und entscheiden, ob ich für ihn arbeiten wollte.

Gierig betrachtet er mich. Wie eine Kuh fühlte ich mich, die auf einem Jahrmarkt ausgestellt wurde und welche man hinsichtlich ihrer Milchquote betrachtete, ob sich ein käuflicher Erwerb lohnte. Betatschen lassen musste ich mich. An Brüsten, Hintern und meiner Taille.

„Du bist knackig Franzy! Es gibt genug Männer, die du bedienen kannst in meinem Laden! Komm vorbei!“ Eine Visitenkarte drückte er in meine Hand und lächelte schmierig. Ein typischer Vertreter seiner Rasse. Kurz und bündig brachte er sein Anliegen auf den Punkt. Ohne langes Geschwafel. Entweder oder. Hop oder top. Mir hing der Aidstest bitter nach. Wenn ich für diesen Kerl arbeiten wollte, müsste ich mich garantiert einem Test unterziehen. Wenn ich positiv wäre, wäre mein ganzes Leben im Eimer. Obwohl es das eh schon war. Jedoch bliebe mir dann gar keine Alternative mehr, außer dass ich in Rente gehen und auf meinen Tod warten könnte.

Meine Neugierde siegte. Das Etablissement suchte ich auf. In den Abendstunden fand dort eine Show statt, die gut sein sollte, wie es sich in den Kreisen rumgesprochen hatte. Diese wollte ich mir ansehen. Es war mutig, allein hinzugehen. Zwischen all den Männern als Frau zu sitzen, einen Drink zu mir zu nehmen und die Attraktion des Abends anzusehen. Bedingt, dass meine Gefühle einer sinnlich tanzenden Frau entgegenkommend gestimmt waren, hoffte ich auf einen interessanten Abend. Eine Achterbahnfahrt meiner Gefühle. Das

Adrenalin kochte in mir, wenn ich einen Frauenkörper in Aktion bewunderte. Wohlgeformt musste er sein. Nicht zu viel Busen, ein knackiger Hintern, gern eine auffällige Tätowierung auf der Brust, am Po und lange, wirre Haare. Den Ausdruck der Mädchen mochte ich am liebsten, wenn er etwas Verbitterung in sich trug und nach Sehnsucht rief. So war mein eigener Augenausdruck, wenn ich in den Spiegel sah und mein Spiegelbild sah ich gern an. So kaputt wie ich war, war ich mir der liebste Feind und die beste Freundin zugleich in der Glasscheibe der Wahrheit. „Spieglein an der Wand, wer ist die Traurigste im ganzen Land?“

Der Vorhang öffnete sich. Ein Mädchen etwa in meinem Alter, betrat die Bühne auf glitzernden High Heels. Ein enges Lederkleid schmiegte sich um ihre schmalen Hüften. Sofort bemerkte ich, sie trug kein Höschen drunter. Aufreizend provokant marschierte sie einige Male an dem Steg entlang, hinter dem die interessierten Zuschauer saßen. Zuschauer ist viel zu vornehmen ausgedrückt. Die sabbernden Männer, die schwanzgesteuerten Herren. Mit ihren Cannabiszigaretten in den Händen haltend und den gefüllten Wodkagläsern vor ihren Nasen stehend, gaben sie sich lustvoll dem Ausblick hin, der sich ihnen zum stolzen Eintrittspreis von 50 Mark bot. Nicht nur der Eintritt kostete ein Vermögen. Der Verzehr von leichten Speisen und schweren Getränken war nur etwas für die wirklich reichen Männer. Eine Flasche Champagner kostete schlappe 120 Mark. Ein strammgezogenes Top hielt die Brüste des Mädchens eng an ihrem Körper, während die Brustwarzen deutlich hervortraten. Mit kleinen Klämmerchen ließ es sich stets gut nachhelfen, dass die Nippel standen, solange die Show im Gange war. Durch das Top nicht zu erkennen. Meine eigenen richteten sich ebenfalls auf, während ich die Frau betrachtete, die über einen umwerfenden Hüftschwung verfügte. Plötzlich glaubte ich in dem Mädchen jemanden zu erkennen, der seit Jahren einen festen Platz in meinem Herzen bewohnte. Woher kannte ich dieses Mädchen? Einen Blick in ihr Gesicht versuchte ich zu erhaschen. Frauen merkte ich mir stets an Gesichtern und ihrer Oberweite. Es dämmerte langsam. Susanne...Das Mädchen, welches ich vor Jahren aus den Händen des brutalen Zuhälters befreit hatte, in dessen trügerischen Blick ich mich so unsterblich verliebt hatte. Zu spät erkannte ich damals, dass Freddy ein menschliches Schwein war. Ohne jegliches Mitgefühl, ohne Liebe und ohne menschlich charakterliche Züge, die an etwas Liebevolles erinnerten. Susanne? Das konnte nicht sein, ich musste mich täuschen. Susanne war die erste Frau gewesen, mit der ich sexuelle Erfahrungen ausgetauscht hatte. An ihr abgerissenes Brustpiercing erinnerte ich mich. Freddy hatte es ihr schamlos vom Körper gerissen. In meinem Kinderzimmer eroberten wir uns, bis Susanne schließlich weiterzog und ich glaubte, sie nie wiedersehen zu dürfen. Wie oft hatte ich in den Nächten wachgelegen und an diese zärtlichen Stunden gedacht, die ich mit ihr verbracht hatte. Wir waren so etwas wie Schwestern gewesen. Verbündete in der Dunkelheit unserer Kindheitstage. Meine Mutter hatte Susanne damals stillschweigend geduldet.

Ja, sie war es! Als sie ihr Shirt auszog, erkannte ich sie an ihrem Busen. Sie trug noch immer ein Piercing in der Brustwarze. Galant beugte sie sich zu den Herren in der ersten Reihe. Ihre Brüste waren straff, nichts hing, alles war fest und ja, die Männer durften anfassen und mal fühlen. Ihre Köpfe schmiegten sie an Susannes Oberkörper und mit der Zunge leckten sie über ihre nackte Haut. Der Reihe nach ging sie umher. Jeder durfte mal ran. Die Männer lachten. Inhalierten den Rauch ihrer Joints und bliesen diesen Susanne ins Gesicht. Hingebungsvoll war sie anzusehen, wie sie da schließlich völlig nackt auf der Tanzfläche stand und sich an die Stange begab. Die Frau, die mich in die Kunst eingeführt hatte, eine Frau zu begehren. Mein Herz klopfte, so dass ich hoffte, niemand der Anwesenden würde es vernehmen. Wenn Susanne einen Blick in die Menschenmenge warf, sah ich verlegen weg, ich wollte nicht, dass sie mich erkannte. Nervös schlug ich meine Beine über Kreuz. Fummelte an der Tischdecke herum und bestellte mir einen Ouzo. Einen doppelten. Den hatte ich jetzt bitter nötig. Im Schritt wurde ich feucht, während Susanne ihre Hüfte um die Eisenstange kreisen ließ und ihre wilde Haarpracht lässig in den Nacken warf. Ihre Bewegungen waren sanft und doch so wild und unberechenbar. Man wusste nicht, in welche Richtung es weiterging. Abwärts oder wieder hinauf. Die Musik, die aus den Lautsprechern dröhnte, passte perfekt zu der Performance, die Susanne aufs Parkett legte. Ihre Ausdauer war mir unheimlich. Immer wieder trafen sich unsere Blicke, obwohl ich es tunlichst vermeiden wollte. Nein, ich musste hinsehen. Sie ansehen. In meinem Blick lag unendliche Sehnsucht. Nach Liebe und Hingabe. Meine Gedanken fuhren schwindelerregende Achterbahn. Mein Kopfkino hatte mich längst in eines der Stundenzimmer getragen, die über dem Club hergerichtet waren und auf Sexhungrige warteten. Susannes prachtvoller Körper hatte sich bereits auf mich niedergelegt und wir rieben unsere intimsten Zonen aneinander. Mir wurde heiß. Verlegen wischte ich mir einige Schweißperlen von der Stirn. Plötzlich legte jemand seine Hand auf meine Schulter. Ein älterer, nicht schlecht aussehender Mann, der neben meinem Tisch saß, lehnte sich zu mir. Zwischendurch hatte ich ihm ein paar flüchtige Blicke zugeworfen, weil mich seine Aura gefangenhielt. Meine Blicke wechselten also abwechselnd zwischen ihm und Susanne, bis er plötzlich flüsterte: „Wenn du magst, ich habe Zeit!“ Er erinnerte mich ebenfalls an jemanden, den ich vor längerer Zeit verloren hatte. An Paul. Meinen Vater. Hin und hergerissen war ich. Meine Gefühle schlugen Purzelbäume. Ein Mann, der mein Interesse weckte und eine Frau, deren Erinnerungen an ein erlebtes Vergnügen mich erotisierten. Wohin sollte ich gehen? Susanne nach der Show abfangen, das war ein absolutes Muss. Daran führte kein Weg vorbei. Jahre waren vergangen, dass wir uns zuletzt gesehen hatten und dass wir uns überhaupt noch einmal über den Weg liefen, glich einem Wunder. Doch dieser Mann in dem Anzug, von seinem Blick konnte ich mich nicht lösen… Seine Hand streifte zärtlich meinen Nacken und meine Härchen stellten sich auf.

Liebe.

So bitternötig hatte ich Liebe.

Susanne konnte warten. Den Typen in dem Schickimickianzug würde ich wahrscheinlich aus den Augen verlieren, wenn ich ihm eine Absage erteilte. Stumm nickte ich ihm zu. Meine Zunge fuhr verführerisch meine geschminkten Lippen entlang. Ja, er war einer der Herren, die ich nehmen wollte. Für Geld natürlich.

Nach der Show verschwanden wir beide gemeinsam durch den Ausgang und marschierten in den Hintereingang direkt in die oberste Etage des Clubs. Das Zimmer hatte er klargemacht. Er, sein Name tat wie bei allen Männern nichts zur Sache, hieß Greg. Ob das sein wirklicher Name war, keine Ahnung. Die wenigsten Männer gaben ihren wahren Namen preis. Wenn sie länger in dem Gewerbe tätig waren, dass sie regelmäßig Huren aufsuchten, trugen sie meist alle einen

Decknamen. „Wie heißt du?“ Wir standen beide etwas hilflos in dem Zimmer, dessen Einrichtungsfarbe in Rot und Schwarztönen vorherrschte, und blickten uns verführerisch an. Greg lächelte. Sehr charmant tat er das. „Franzy!“, antwortete ich. „Franzy, könntest du dir vorstellen, für mich zu arbeiten?“ Greg stellte merkwürdige Fragen. Natürlich war ich in dieser Nacht bereit, für ihn sexuelle Dienste jeglicher Art zu erledigen, warum sonst war ich ihm ins Zimmer gefolgt? Verführerisch hob ich mein Shirt hoch, um meine Brüste zu entblößen. Greg stoppte mein Vorhaben. „Nein, nicht dieses Arbeiten!“, entgegnete er meinem erstaunten Blick. Huch, was war das bitteschön jetzt für eine Nummer? Kein Sex? Was für eine Arbeit dann? „Ich versteh nicht, Greg!“ „Ich suche ein Escortmädchen für mich allein, Franzy. Du begleitest mich auf Events und Veranstaltungen. Falls ich es jemals möchte, befriedigst du mich, aber das steht nicht im Vordergrund deiner Tätigkeit!“ Der Typ meinte das völlig ernst, was er da sprach, glaubte ich. Also keinen Sex in dieser Nacht? Eine Begleiterin sollte ich spielen für einen durchaus attraktiven Mann, den ich auf Ende 40 Lebensjahre schätzte. Das war ja beinahe wie in dem Film Pretty Woman mit Julia Roberts und Richard Gere. Diesen Film liebte ich so sehr, obwohl er von der Realität meilenweit entfernt war. Auf dem Gebiet Fatal Love war ich eigentlich die Meisterin. Jetzt sollte ich in ein völlig anderes Gebiet reinschnuppern? Ein wenig überfordert fühlte ich mich. An der Krawatte von Greg zog ich. „Was

zahlst du, damit ich deine private Begleiterin spiele?“
„Das, was du verlangst!“, antwortete Greg lasziv und wand sich aus meiner Nähe, um aus der Zimmerbar einen Drink zu nehmen. Das wurde ja immer besser. Er bezahlte das, was ich verlangte? „Ich nehme 80 Mark die Stunde!“ Innerlich lachte ich ein wenig über meine Selbsteinschätzung, wie viel Geld ein Mädchen, das lediglich zur Unterhaltung diente, verdienen durfte. „Gut, das sind ja günstige Konditionen! Also fein, wir kommen ins Geschäft. Wann kannst du anfangen, Franzy?“
„Morgen!“, antwortete ich wie aus der Pistole geschossen.

Meine finanziellen Geldsorgen waren wieder einmal wie weggeblasen und ich fühlte mich rundum zufrieden. „Deine Adresse bitte! Ein Fahrer wird dich abholen!“ Greg nahm einen Notizblock aus seiner Anzuginnentasche und einen Kugelschreiber zur Hand. „Ich besitze ein Auto!“, entgegnete ich nicht ohne Stolz. Mein klappriger Ford Fiesta war mein ein und alles. Von meinem eigens verdienten Geld angeschafft, auch wenn der Führerschein nicht auf ganz legalem Wege entstanden war. Das interessierte niemanden mehr. Der Lappen steckte im Handschuhfach neben dem Fahrzeugschein. Alles war in bester Ordnung. „Nein, ich lasse dich abholen, keine Widerrede, junge Dame!“ Greg lächelte mich an und bat mich nochmals um meine Adresse. Ich gab sie ihm, nur zu gern.

So viel Geld, das war ja wie ein Lottogewinn. Also, mein neuer Job.

Da war er…

Herzlich willkommen!

Kapitel 8

Susanne

Nachdem sich die Wege von Greg, meinem neuen Arbeitgeber und mir in dieser Nacht trennten, suchte ich Susanne. In der Bar fragte ich nach ihr. „Susanne ist jetzt im Moment beschäftigt, wenn sie fertig ist, soll ich ihr etwas ausrichten?“ Eine Bedienung, welche die Getränke ausschenkte, zeigte sich freundlich und hilfsbereit. „Ja bitte! Sagen Sie ihr, Franzy wartet in der Bar!“ Die Blondine nickte. „Sehr wohl die Dame!“ Die Umgangssprache im Milieu war stets freundlich. Zuvorkommend und auf das Wohl der Gäste ausgerichtet. Natürlich gab es auch Einrichtungen, die Frauen keinen Zutritt gewährten.

In der Bar trank ich noch einen Ouzo, während ich wartete. Bestimmt würde Susanne herkommen. Direkt an meinen Tisch. Davon war ich überzeugt. Ein wenig nervös war ich. Welch eine Nacht. Einen neuen Job hatte ich bekommen. Eine alte Bekannte traf ich wieder. Meine erste Liebe in Sachen Frauen.

Susanne!

„Franzy, das glaube ich nicht!“ Da stand sie endlich vor mir. Susanne! Frisch gemacht hatte sie sich und sie war wieder vollständig bekleidet. Erfreut reichte sie mir ihre Hand und dann umarmten wir uns. Hielten uns ganz fest. Schwelgten wenige Minuten in Gedanken der Erinnerungen. Jeder für sich und jeder mit seinen eigenen Bildern, die während des Zeitraums der Abwesenheit geblieben waren. Ohne zu zögern, fuhren wir zu mir in meine Wohnung. Niemand sollte mitkriegen, dass es da etwas zwischen uns beiden gab, was anders war als eine geschäftliche Beziehung für nur eine Stunde oder weniger. Susanne hatte Feierabend und wie und wo sie ihre Nacht verbrachte, schrieb ihr niemand vor. „Franzy, du hast tatsächlich den Führerschein gemacht, lobte Susanne anerkennend, während ich uns durch die Dunkelheit der Nacht kutschierte. „Den Fahrlehrer habe ich gefickt und dann seine Alte angerufen!“, lachte ich. „Okay, aber den Lappen hat er dir vorher gegeben oder wie?“ Susanne amüsierte sich. „Du bist immer noch die alte, Franzy! Verrückt, durchtrieben und unheimlich anziehend!“ Susanne legte ihre Hand auf meinen Oberschenkel. „An unsere Nacht damals bei dir im Kinderzimmer habe ich mich in vielen einsamen Nächten erinnert“, sagte sie leise. „Es war wunderschön mit dir!“

Ich nickte anerkennend. Ja, das war es gewesen. Vorsichtig streichelte sie über meinen Brustkorb und kniff sanft in meine Busengegend. „Ich will dich!“, stöhnte sie. Auf dem Sitz wippte sie unruhig hin und her. „Fahr rechts ran, ich muss dich küssen!“ Den Wagen stoppte ich am Seitenstreifen und wir küssten uns hingebungsvoll, nachdem wir die Anschnallgurte gelöst hatten. Unsere Hände waren überall. Wir streichelten uns angeregt. Susanne strich meine Haare aus dem Gesicht. Ihre weiche Zunge küsste meine Lippen, welche sie über diese tanzen ließ. Wir lagen uns in den Armen, weinten und lachten gleichzeitig. Fuhren schließlich weiter und verbrachten eine erotische Nacht miteinander. Es war wundervoll. Überschwänglich bedankte ich mich für die schönen Stunden, die Susanne in der Nacht mit mir verbracht hatte. Wir redeten bis in den Morgen hinein. Von meinen geplatzten Träumen erzählte ich. Von der verlorenen Liebe. Von Polanski, meinem geliebten Pferd. Dem Tod meiner Mutter, dem Tod meines Vaters, dem Zuhälter meiner Mutter. Von meiner Schwester Jolene und all den Dingen, welche sich im Laufe der Jahre durch mein Leben zogen wie ein roter Faden, der alles zunichtemachte, was an Liebe erinnerte. Susanne versprach, mich regelmäßig zu besuchen. Sie hatte keinen festen Freund und auch keine feste Freundin. Ebenso wie ich sehnte sie sich nach Nähe, Zärtlichkeit und Zuwendung. Wir gaben uns sexuell einander das, wovon wir beide träumten. Heimlich trafen wir uns an den Abenden, wenn Susanne ihren Job in der Bar erledigt hatte. Dem Chef, der mich anheuern wollte, um die Freier zu bedienen, während Susanne an der Stange tanzte, erteilte ich eine Absage. Ein Mädchen für gewisse Stunden zu sein schien mir weniger anstrengend, als die Beine breit zu machen für irgendwelche liebeshungrigen Männer, die zuhause Frau und Kinder im Stich ließen. Einer der Gründe, warum ich zusehends die Prostitution verachtete. Das Betrügen war es, das mir schwer im Magen lag. Die Männer betrogen ihre Ehefrauen. Weil sie ihnen nicht das gaben, wonach sie sich sehnten, gingen sie in den Puff und lebten dort ihre schweinischen Fantasien aus. Ich selbst hätte eine dieser Frauen sein können, die daheim wartete, während mein Mann sich mit einer Hure umgarnte. Die Galle kam mir hoch bei dem Gedanken. So bekam ich zusehends ein Problem damit, Susanne teilen zu müssen. In den Nächten saß ich oftmals in dem Club, nur um Susanne zu beobachten. Wie sie tanzte und mit wem sie anschließend ins Bett stieg. An manchen Abenden schaffte sie drei Freier. Manche Typen waren äußerst unansehnlich. Da tat mir Susanne leid, statt dass ich eifersüchtig gewesen wäre. Susanne liebte es jedoch, Frauen zu verführen und sie sagte nicht nein, wenn sie eindeutige Angebote erhielt. Die Eifersucht brannte in mir. Eine Blondine saß wie gebannt auf ihrem Stuhl und verfolgte mit hungrigen Augen Susannes Hüftschwung. Der Inhaber der Bar saß neben ihr. Zugegeben, die Dame war äußerst attraktiv und so wie sie gekleidet war, vermutete ich, sie hatte großen Einfluss. Worauf auch immer. Vielleicht führte sie ein namhaftes Unternehmen dieser Stadt, vielleicht war sie einfach nur Millionärin oder Tochter von Beruf, keine Ahnung. Jedenfalls sah ein Blinder, was mit ihr los war. Die Männer umgarnten sie wie eine Prinzessin. Die Frau hatte jedoch nur Augen für Susanne. Inständig betete ich. Schickte ein Stoßgebet zum Himmel. Susanne möge bitte nicht mit dieser Frau in die oberste Etage verschwinden. In dem Club wusste niemand, in welchem Verhältnis Susanne und ich standen. Wir hielten es angebracht, uns nicht ansehen zu lassen, dass wir ein Pärchen waren. Der Inhaber des Clubs „Savage Garden“ (Name geändert) wunderte sich allerdings allmählich, dass ich seine Lokalitäten regelmäßig aufsuchte. Dass er einen seiner Hintermänner auf mich angesetzt hatte, um mich auszuspionieren, ahnte ich nicht. Während ich also Susanne nicht aus den Augen ließ, übernahm diesen Part ein windiger Typ mit getönter Sonnenbrille für meine Person. Zunächst bemerkte ich nichts. Weder, dass ich auf Schritt und Tritt verfolgt wurde, noch dass man mich beobachtete, während ich einfach nur dasaß und Susanne anhimmelte. Die aufgetakelte Blondine folgte Susanne, nachdem ihr Poledance beendet war. Der Clubinhaber hatte Susanne zuvor zu sich gerufen und ihr etwas zugeflüstert. Wahrscheinlich hatte er sie über die Optionen aufgeklärt, was es mit der Blondine auf sich hatte und dass Susanne sie mitnehmen sollte. Die Zeichensprache der dunklen Herren verstand ich zu genau. Immerhin entsprang ich demselben Gewerbe. Mir konnte niemand etwas vormachen. Die Frau hatte

Susanne gebucht. Wahrscheinlich für den Rest der angebrochenen Nacht. Zu gern hätte ich die beiden während ihren Intimitäten beäugt. Sie ausspioniert. Susanne war mein Eigentum. So sah ich das gedanklich. Teilen wollte ich sie mit niemand. Susanne warf mir einen verführerischen Blick zu, während sie mit der Blondine im Schlepptau die Tanzfläche verließ und hinter den schwarzen Vorhängen verschwand. In mir kochte es. Vor Eifersucht. Zornig war ich. Warum hatte ich Susanne nicht einfach für diese Nacht gebucht, dann hätte sie der Blondine einen Korb geben und ich sie nicht teilen müssen. Verwunderliche Gedankengänge einer Hure, die in meinem Kopf umherkreisten. Jedoch gab es auch in mir Gefühle von Stolz und Achtung. Wer liebt, möchte seine Liebe ungern teilen. Mein Herz schmerzte. Der Gedanke, dass Susanne in all ihren Möglichkeiten, ihren Körper wie eine scharfe Waffe einzusetzen pflegte, mit einer Hingabe, die mich faszinierte, von einer fremden Frau dafür geliebt wurde, wenn auch nur um wenige Stunden der Nacht, machte mich rasend vor Eifersucht. Entschlossen verließ ich meinen Platz. Mir blieb nichts anderes übrig, als nach Hause zu gehen und dort auf Susannes Rückkehr zu warten. Während ich meinen Mantel nahm, fiel mir dieser Typ auf, der hinter mir saß. Die Sonnenbrille fand ich merkwürdig. In dem Club war es dunkel. Das gedimmte Licht verhinderte nicht, gegen irgendein Stuhlbein zu laufen, wenn man sich in den Gegebenheiten nicht auskannte, so dunkel war es. Warum nahm er die verdammte Brille nicht ab?

Während ich die Bar verließ, glaubte ich, der Mann würde mir folgen. Geschickt versteckte ich mich in der Nische eines angrenzenden Hauses und ließ ihn an mir vorüberlaufen. An seiner nervösen Art, als er mich nicht mehr im Blickfeld hatte erkannte ich, dass ich recht hatte mit meiner Vermutung. Warum um alles in der Welt wurde ich jedoch verfolgt? Es musste etwas mit Susanne zu tun haben. Instinktiv spürte ich das. Während der Typ hinaus in die Straßen der Nacht lief, um mich zu suchen, schlich ich zurück in die Bar. Im Eingang lauerten unscheinbare Gestalten. Männer. Sie warteten auf Beute. Im Kreis dicht beieinander stehend, rauchten sie ihre Zigaretten. Lachten und frotzelten über die Tanzeinlagen, welche sie zuvor angesehen hatten. Mit diesen hatte man sich aufgewärmt um in das Finale einzutauchen. Den Geschlechtsverkehr mit einer willigen Hure. Wenn die Mädchen vorbeiliefen, die Feierabend hatten aus den angrenzenden Clubs, griffen sie zu. Ich musste mir lediglich einen von ihnen aussuchen und mit ihm aufs Zimmer in die oberste Etage verschwinden. Vielleicht hatte ich Glück, das Zimmer direkt neben dem von Susanne mieten zu können. Ein Versuch war es wert. Meinen Mantel legte ich ab, warf ihn lässig über die Schulter. Die Bluse, die ich darunter trug, knöpfte ich provokant soweit auf, dass man meine Brüste sah, die in einem Spitzen BH auf ihren Einsatz warteten. Um die Herren der Schöpfung schlenderte ich. Den Silberblick aufgelegt, biss gleich der erste an. „Bist du frei?“ Ich nickte und zeigte mit dem Finger auf die Treppe des

Clubs um ihm zu signalisieren, dass wir dort ein Zimmer nehmen sollten. Leichtes Spiel, der Typ bezahlte an der Rezeption und wir stiegen die Treppen hinauf. Zimmer 12. Bingo! 13 war Susannes Zimmer. Beide Stundenzimmer verfügten über einen kleinen Balkon. Von diesem konnte man mit ein wenig Geschick in das Nachbarzimmer herübersehen. Wenn die Vorhänge nicht zugezogen waren. In Windeseile verarztete ich den Freier. So schnell hatte ich noch keinen Mann geritten. Gut, ihm hatte es gefallen und er fiel direkt in eine Art Koma. Typisch Mann. Nach dem Höhepunkt musste erst mal eine Runde geschlafen werden. Nur wenige Minuten, nachdem ich meine Kleidung wieder übergestreift hatte, schnarchte er tief und fest. Ich öffnete leise die Balkontür. Trat hinaus in die Nacht. Die Lichter der Stadt offenbarten sich meinen Augen wie ein Lichtermeer. Herrlich. Welch eine Aussicht. Eine echte Entschädigung für einen misslungen Fick, sinnierte ich. Die Brüstung zum Nachbarbalkon war nicht ohne. Irgendwie brauchte ich eine Erhöhung, um hinübersehen zu können. Was hätte ich nehmen können? Einen Stuhl aus dem Zimmer. In Eile schlich ich also wieder an dem schnarchenden Freier vorbei und schob den Stuhl an die Brüstung heran. Welch ein Aufwand…

Die Gardinen in Zimmer 13 waren nicht zugezogen. Im Nachbarzimmer brannte gedimmtes Licht. Mit weit aufgerissenen Augen verfolgte ich das Geschehen durch die Fensterscheibe. Susanne und diese Blondine.

Tatsächlich trieben sie es miteinander. Mir brach es das Herz. Die Silhouetten der beiden Frauen bewegten sich durch das Zimmer. Es war, als tanzten sie miteinander. Sie tanzten scheinbar eng umschlungen. Bei genauerem Hinhören erklang leise Musik aus ihrem Zimmer. Nach einigen Minuten ließen sich beide auf das Bett fallen. Sie lachten herzhaft und umarmten sich. Beide Frauen waren nackt. Gierig stierte ich zu ihnen herüber, um genau ansehen zu können, was sie als nächstes tun würden.

„He, was machst du da?“ Ich erschrak zutiefst, so in Gedanken versunken war ich, als mich der Freier von hinten ansprach. Scheinbar war er aus seinem Schlaf erwacht. Beinahe wäre ich vom Stuhl gefallen. „Nichts“, log ich. „Was gibt es denn da drüben so Interessantes zu sehen?“ Der Freier drängte mich vom Stuhl und stieg selbst hinauf um herauszufinden, was meine Aufmerksamkeit erregte. „Aha“, stöhnte er. „Die beiden Frauen dort, faszinieren dich also? Magst du es mit Frauen? Dann buche ich die Susanne und dich mal zusammen, ich möchte es nämlich gern einmal mit zwei Frauen gleichzeitig treiben!“, sülzte der Typ herum. Es war an der Zeit, zu verschwinden. Meinen Mantel nahm ich. Öffnete die Tür und lief durch das Treppenhaus. Genug gesehen hatte ich. Susanne schenkte ihren Körper einer anderen Frau ebenso hingebungsvoll wie mir. Es war keine Liebe, was sie mir gab. Es war Sex. Nichts als Sex. Unsere Körper begehrten sich. Während ich auf die Liebe hoffte, war es für Susanne lediglich das, was es immer war. Ein Fick. Ein Moment der Sinnlichkeit. Vergänglich. Susanne war die Hure durch und durch. Sie trennte Privates scheinbar nicht vom Geschäftlichen. Für sie gab es die beiden feinen Unterschiede nicht. Für mich schon. Auf der Suche nach Liebe war ich. Wenn ich sie gefunden hatte, wollte ich diese auch mit nichts und niemand auf der Welt teilen. Als ich durch den Haupteingang des Stundenhotels hastete, lief ich direkt dem finsteren Typen mit der Sonnenbrille in die Arme. „So, jetzt hab ich dich!“, krakeelte er. „Was wollen Sie von mir?“, hastig schob ich seinen Arm beiseite, der äußerst grob agierte und meinen unsanft festhielt. Mir blieb keine Chance. Befreien können aus dem Griff hätte ich mich nicht können. Er zog mich mit sich fort. Wieder hinein in den Club. In dieser Nacht war es ein rein und raus, das war völlig verrückt. In das Zimmer des Chefs bugsierte er mich und drückte mich in einen ledernen Stühle. „Du wartest hier!“, drohte er mit dem Finger.

„Was läuft zwischen dir und Susanne?“ Der Boss des Ladens war wenige Minuten später in das Zimmer getreten und er fiel gleich mit der Tür ins Haus. „Ich liebe sie!“, gestand ich ehrlicherweise. Was hätte ich sagen sollen? „Du hast mein großzügiges Angebot, für mich zu arbeiten ausgeschlagen Franzy und jetzt versuchst du auch noch, mir Susanne abspenstig zu machen. Das ist ein no go. Das geht absolut gar nicht. Was bildest du dir eigentlich ein du kleine miese Hure?“ In dem Augenblick, als er mich eine Hure nannte, durchfuhr ein kräftiger Donnerschlag die anbrechende Morgendämmerung. Regentropfen prasselten gegen die Fensterscheibe. „Bestrafen muss ich dich!“ Der feine Herr im Anzug, der Boss des Hauses winselte um meinen Stuhl herum. Roch an meinen Haaren. Legte eine Strähne zur Seite und nahm den Körpergeruch meiner Halsseite auf. Wie ein lüsterner Werwolf, der jede Sekunde zum Angriff überging, musterte er mich, seine Beute. „Du machst mir mein Geschäft nicht kaputt. Eine Tänzerin wie Susanne finde ich so schnell nicht wieder, sie ist verdammt gut. Von niemand lasse ich mir das Mädchen nehmen. Schon gar nicht von einer dahergelaufenen Straßenhure wie du eine bist!“ Nicht aufregen Franzy, versuchte ich mich zurückzuhalten. Meine Faust hatte ich bereits zusammengeballt, um zum Schlag auszuholen. Niemand sollte mich eine kleine oder dreckige Hure nennen. „Wenn du Susanne so sehr begehrst, was hältst du denn davon, wenn wir beide doch noch ins Geschäft kommen?“ Ich verstand nicht, worauf der Typ hinauswollte. „Ihr könntet die Männer zu zweit verwöhnen, das wäre eine Marktlücke. Damit ließe sich gutes Geld verdienen. Ihr könntet Frauen, sowohl auch Männer beglücken und ich mir eine goldene Nase an euch beiden Huren verdienen!“ Mister Big Boss schmiss sich nachdenklich in Pose und kratzte sein Kinn. „Einen Teufel werde ich!“, entgegnete ich frech. „Entweder Susanne kommt mit mir oder sie bleibt hier, dann gehe ich alleine!“ Big Boss lachte bitter. „Du hast wahrhaftig verdammt großen Mut für eine dahergelaufene kleine

Straßenratte. Lernt man das auf dem Straßenstrich, sich seinen Vorgesetzten gegenüber so zu verhalten?“ Meinen Mund hielt ich. Was sollte ich entgegnen? Energisch griff er in meine Haare und zog unbarmherzig an ihnen. Ich glaubte, er wollte mich an ihnen vom Stuhl zerren. „Antworte mir gefälligst!“ „Ja, das lernen wir alles dort!“, log ich dem Typen ins Gesicht. Dabei war es gar nicht unbedingt gelogen. Auf dem Straßenstrich hatte ich einiges gelernt. Einiges, das von großem Nutzen sein konnte für Situationen wie diese. Angriff war die beste Verteidigung. Mit einem gezielten Schlag boxte ich Big Boss direkt in seine verdammten Eier, die mir sehr nahe kamen, während er an meinen Haaren riss. Seine Bestrafung konnte er sich sonstwo hinschieben, mich würde er nicht übers Knie legen oder gar verkaufen. Bis aufs Blut würde ich mein Leben verteidigen. Niemals ließe ich mich mehr von einem Mann, einem Zuhälter, oder einem Freier in die Enge treiben lassen. Big Boss ging für einen Moment nach meiner Faustattacke in die Knie. Der Zustand würde nicht lange andauern. Also setzte ich gleich nochmal einen Schlag nach. Dieses Mal nicht mit meiner Hand, sondern mit dem Fuß. Den Absatz meines Schuhs positionierte ich mittig auf sein Gesicht, während ich ihn somit in Rückenlage drängte. Er jammerte und winselte wie ein hilfloser Hund, der schwer getroffen war. „Fass mich nicht noch einmal an!“, drohte ich ihm. „Jose! Jose!“, rief Big Boss nach meinem gutgemeinten Rat, mich nicht weiter zu belästigen. Bevor Jose, seine rechte Hand angetrabt kam, war ich längst verschwunden. Aus dem Fenster hinaus. Über den Bürotisch geklettert, dabei einige Akten durcheinandergewirbelt und meinen Fußabdruck auf wichtigen Unterlagen hinterlassend.

Durch den Mondschein der Nacht lief ich. Irrte über nichtbefahrene Seitenwege. Zog meine Schuhe aus. Lief durch den Stadtpark. Barfuß durch den Morgentau der Wiesen. Immer wieder blickte ich mich um. Mir folgte niemand. Tatsächlich war ich ihnen entwischt. Erleichtert atmete ich auf.

In einem Café am Ende der Stadt kehrte ich ein. Erschöpft und völlig fertig, gelaufen bis zum Umfallen. In einer öffentlichen Einrichtung würde mir nichts geschehen. In Gedanken ließ ich die vorgefallenen Dinge Revue passieren. Susanne konnte ich abschreiben. Nicht nur, dass auch sie sich nicht für mich entscheiden und den Club verlassen würde, sie würde man genauso bestrafen wie man mir es angedroht hatte, falls sie Kontakt zu mir aufnahm. Die Bestrafungen der Zuhälter konnten übel ausfallen. Das ging über das Auspeitschen bis hin zur Vergewaltigung durch mehrere Männer, die sich an den Körpern der zu Bestrafenden hemmungslos vergingen. Außerdem musste ich damit rechnen, dass Susanne meine Wohnung verraten hatte und man dort bereits auf mich wartete. Was sollte ich tun? Die Wahrscheinlichkeit der Gefahr war groß, dass man mich direkt dort abfing. Nach der Visitenkarte von Greg kramte ich. Drei Mal war ich bisher seine Begleitperson gewesen. Begleitete ihn zu einem Dinner unter Firmenmitgliedern. Zu einem wichtigen Meeting und während eines anderen Treffens spielte ich die Vorzeigedame, damit er weitere Geschäftskunden für seine Projekte gewann. Während ich mich ziemlich langweilte während dieser Veranstaltungen, erledigte ich in Gregs Augen einen hervorragenden Job. Eine feste Anstellung garantierte er mir. In der nächsten Zeit hätte ich über Geldsorgen also nicht mehr zu klagen gehabt.

Ein Telefon ließ ich mir geben und rief Greg an. Schilderte ihm meine Situation. Erzählte unter Tränen, was geschehen war. Er versprach, sofort zu dem Café zu kommen, um mich abzuholen. Diese Reise sprach er nicht davon, dass er seinen Fahrer schicken wollte, sondern dass er persönlich käme in nur wenigen Minuten. Welch eine Freude, ein mir bekanntes Gesicht zu sehen, ohne in Sorge sein zu müssen, gleich wieder eine Moralpredigt hinsichtlich irgendwelcher Bestrafungen kassieren zu müssen.

Greg bestellte einen Espresso und setzte sich zu mir an den Tisch. „Was ist passiert, Franzy?“ In dem Augenblick wusste ich gar nicht, wo ich beginnen sollte. Meine kleine heile Welt war völlig in sich zusammengebrochen, obwohl sie schon ewig lange nicht mehr heile war. „Du magst Susanne sehr gern, nicht wahr?“

Greg zeigte sich verständnisvoll. Erstaunlich fand ich es, dass mich ein männliches Wesen verstand.

Mich und meine Nöte. Meine Sorgen und Ängste.

„Wir fahren gemeinsam zu dir, du holst deine wichtigsten Sachen und dann bringen wir dich zunächst an einem sicheren Ort unter.

Der Typ von dem Club wird garantiert nach dir suchen, Franzy!“ Gregs Worte beunruhigten mich nicht. Er sagte mir lediglich genau das, was ich längst wusste.

Ja, ich stand auf der Abschussliste. Nicht selten geschah es, dass man Huren erledigte. Endgültig. Jeden Tag, wenn man die Zeitung aufschlug, sofern man eine besaß, konnte man lesen, dass wieder irgendwo eine Prostituierte umgebracht worden war. Kehle durchgeschnitten, erschossen und all solche Horrornachrichten. Die Zeitungen am Kiosk sah ich immer mal flüchtig durch, um nichts zu versäumen, was in der Welt geschah.

Greg fuhr mich heim.

Wir sammelten Remo ein, ich packte meine wichtigsten Klamotten zusammen und dann verfrachtete er mich in einem Hotel außerhalb der Stadt.

Unter falschen Namen checkte er für mich ein. An der Rezeption hielt ich meinen Mund, während die Dame, welche mir die Schlüssel für das Zimmer überreichte mich mit den Worten verabschiedete: „Einen angenehmen Aufenthalt in unserem Hause wünsche ich Ihnen, Frau Schmitte!" „Schmitte?" Ich zog die Augenbrauen hoch.

Gut, mir war alles angenehm. Hauptsache ich befand mich zunächst in Sicherheit.

Kapitel 9

High Society

In den Folgetagen führte ich ein prima Leben. Ein großzügiges Hotelzimmer bewohnte ich mit meinem Hund Remo ganz für mich allein. Auf Anweisungen von Greg wartete ich, ob er wohl einen Job für mich hatte. Außerdem wollte er den Club aufsuchen, in dem Susanne arbeitete, um nachzusehen, ob die Luft rein war oder man sich immer noch bemühte, mich und meinen Standort auszuspionieren. Schließlich konnte ich nicht den Rest meines Lebens irgendwo am Ende der Stadt in einem Hotel wohnen.

An Susanne dachte ich und tiefe Traurigkeit legte ihren Schleier über mich. So gern hätte ich mit ihr mein Leben geteilt. Auf der einen Seite war sie so etwas wie meine Schwester und auf der anderen die beste Liebhaberin, die man sich vorstellen konnte. Die Mischung war ideal.

Susanne entsprach ganz klar meinen Vorstellungen von einer zu führenden Partnerschaft. Wenn ich an Susanne dachte, spürte ich, dass meine sexuelle Richtung deutlich zu dem Körper und der Seele dieser Frau tendierte. Der Schmerz mich in ihr geirrt zu haben, war grausam. Ich konnte Susanne nicht so einfach aus meinem Herzen streichen. Warum tat Liebe bloß immer so weh? Wenn das den Rest meines Lebens so weitergehen sollte, wollte ich mich nie wieder verlieben.

Manchmal saß ich stundenlang auf meinem Bett in dem Zimmer, in dem ich mich nach wenigen Tagen mehr als verloren fühlte, weil alles so steril und protzig an Mobiliar gehalten wurde, was so gar nicht meiner Herkunft entsprach. Gedankenverloren glotzte ich aus dem Fenster. Zwischendurch führte ich Remo Gassi und erkundete ein wenig die Gegend. Trist, öde und ein ziemlich verlassener Ort, an dem ich mich im wahrsten Sinne des Wortes gefangen gehalten fühlte.

Greg orderte mich für den nächsten Tag. Ein Geschäftsessen. Irgendwo in einem dieser Schickimickilädchen. Fein anziehen sollte ich mich. Er hatte an der Rezeption Geld für mich hinterlegt, damit ich hinaus in die Stadt fuhr, um mir was Schickes zum Anziehen zu kaufen. Ein Taxi brachte mich fort vom Gelände des Hotels. Ein wenig fühlte ich mich tatsächlich wie Pretty Woman. Nur mit dem Unterschied, dass es in dem Film ein Happy End gab, während ich in meinem Leben von solch einem wundervollen Ereignis meilenweit entfernt war. Die Geschäfte in den Einkaufsstraßen waren menschenüberfüllt. Hastig, in Eile und in Gedanken völlig abwesend zu sein, liefen sie hin und her wie Ameisen, die den Weg in ihren Nadelholzhaufen suchten. Sie streiften mich im Vorüberhasten am Ellenbogen. Knufften mich empfindlich in die Seite meiner Taille. Ihre Einkaufstaschen schlugen um meine Schienbeine, weil die Passage so beengt war, durch die wir uns hindurch quetschten. Niemand nahm Rücksicht auf den anderen. Mütter hielten ihre Kinder an den Händen und rissen sie grob mit sich fort. Bettler saßen an den Geschäftseingängen. Leere Gesichter, ihre Blechdosen aufgestellt, saßen sie wartend auf dem kalten Beton. Hofften, ein gütiger Mensch würde sie beachten. An Wolfgang dachte ich. Jeder dieser Menschen, die am Ende ihrer Kräfte schienen und sich vom normalen Leben verabschiedet hatten, trug eine Geschichte in seinem Herzen. Zumeist eine traurige. Gern hätte ich mich zu ihnen gesetzt und mir das Leid aus ihren Vergangenheiten angehört. Wenn ich die Obdachlosen betrachtete, war als, als stand die Zeit still. Sie lebten in der absoluten Ruhe. Sie waren nicht in Eile, hetzten nicht umher, fühlten keinen Termindruck im Nacken. Sie musste nicht funktionieren, wie es von den Menschen verlangt wurde, die ruhelos den Eingang ihres Ameisenhaufens suchten. Auf welche Seite wollte ich mich schlagen? Zu den nervösen, angetriebenen

Menschen, die unter Zeitdruck und Terminängsten litten? Oder auf die Seite, wo es keinen Luxus gab, dafür jedoch Menschlichkeit und kleine Glücksmomente. Eine schwierig zu beantwortende Frage. Für einen Moment glaubte ich, ich würde übersiedeln zu den Herzmenschen. Zu ihnen, denen das Dach über ihrem Kopf fehlte. An den Spruch von Wolfgang erinnerte ich mich. Er sagte einst: „Lieber glücklich und lachend auf dem Fahrrad sitzen, als weinend in einer Limousine!“ Wenn ich den Job bei Greg verlieren würde, welchen Weg sollte ich gehen? Wieder zurück auf den Strich? Nahm das denn gar kein Ende? Sollte ich für den Rest meiner Lebenstage eine Hure bleiben? Meinen Körper hinhalten für Liebe, die keine war? Wie lange hält ein Mensch das durch, ohne ehrliche Liebe zu leben?

Ein neues Kleid. Eng geschnitten. Neue Schuhe, die Absätze wuchsen scheinbar in der Modewelt immer höher hinaus. Wer sollte bitteschön auf den Stelzen noch laufen können? Ich bezahlte die Dinger. Greg würden sie sicher gefallen. Er war großgewachsen, um einige Köpfe größer als ich, mit diesen Schuhen konnten wir uns endlich einmal auf Augenhöhe begegnen, was beim Küssen Sinn gemacht hätte. Wir küssten uns jedoch nicht und würden es auch nicht tun. Nicht heute, nicht morgen. Greg lehnte jegliche Art von Zärtlichkeit zu mir ab. Warum er das tat, mich ablehnte, blieb mir ein Rätsel. Vielleicht sollte ich ihn fragen…

Dieses Leben hielt so viele Fragen für mich bereit, auf die niemand eine Antwort wusste. Warum kaufte sich ein gutaussehender Mensch eine junge Frau, nur um mit dieser vor anderen Menschen zu glänzen? Wollte er ihnen signalisieren, dass er für Geld alles kaufen konnte? Sich sogar menschliche Marionetten halten konnte und er an den Fäden zog, wann immer ihm danach war? Und nur er durfte dies tun. Warum spielte ich dieses Spiel mit? Nur des Geldes wegen? Geld, immer nur Geld, gab es nichts anderes in diesem Leben, das mich in Euphorie hätte ausbrechen lassen können, als immerzu Geld?

Mittlerweile kannte auch ich die unterschiedlichen Gabeln und deren Zacken, welche von ihnen ich für die Speisen im Restaurant in meine Hände zu nehmen hatte. Pretty Woman, sagte ich doch. Bloß dass mir die Austern nicht in die Hände des Kellners flutschten, weil ich erst gar keine essen mochte. Mit zusammengefalteten Händen saß ich am Tisch und blickte verwirrt, jedoch lächelnd in die Runde der anwesenden Herren. Eine feine, reiche Gesellschaft. Nur mit dem Unterschied, dass niemand von Gregs Freunden oder Geschäftskollegen ein Mädchen an seiner Seite hatte, dass er den anderen Herren als sein Eigentum vorstellte. Wahrscheinlich waren sie zu geizig für diesen Luxus. „Habt ihr auch Geschlechtsverkehr miteinander?“ Eines Tages war einer der Geschäftskunden so gar nicht auf den Mund gefallen und löcherte Greg mit äußerst unangenehmen Fragen, die sehr privat waren und sein Verhältnis zu mir betrafen. Ich hielt meinen Mund. Mir war es im Grunde genommen völlig egal, was Greg antwortete. Es war seine Party. Er bezahlte und bestellte die Musik, also sollte er doch selbst entscheiden, welchen Joker er aus dem Ärmel zog. „Nein, ich bin schwul!“, antworte Greg in aller Seelenruhe und mir fiel währenddessen der Kaviar aus meinem geöffneten Mund. Sprachlos war ich. Da hatte ich es! Greg konnte mit Frauen nichts anfangen. „Ich kann euch wohl schlecht einen Mann vor die Nase setzen, der meine Oberschenkel während unseres Gesprächs reibt, oder?“ Greg zog die Schultern hoch. Das Gespräch überforderte ihn nicht im Geringsten. Dass er schwul war, überforderte mich jedoch. So gern hätte ich versucht, ihn davon zu überzeugen, dass es noch andere Qualitäten an mir gab, als nur brav und regungslos zwischen einer Horde verklemmter Schickimickimänner zu sitzen, die über nichts anderes grübelten als über Geld und Frauen. „Franzy, wussten Sie das?“ Der Typ ließ nicht locker, mich und Greg zu provozieren. Sein Blick gierte mich an. Zog mich regelrecht aus. Den Kopf schüttelte ich. „Nö!“, antwortete ich gefällig. Etwas geniert blickte ich in die Gesichter der restlichen Herren. „Vielleicht möchte Greg dich ja abgeben! An jemanden von uns, der nicht schwul ist, damit du auf deine Kosten kommst, Franzy! Du bist eine junge Frau, du hast doch Bedürfnisse, oder nicht?“ Die Betonung seiner Worte lag auf Kosten und schwul. „Nein, zum Ficken gehe ich woanders hin!“, flapste ich lapidar und hatte plötzlich die Lacher auf meiner Seite.

Es war meine Sprache. Meine Redensart. Ich hatte mir nicht im Geringsten etwas dabei gedacht, frei Schnauze rauszuposaunen, was mir im Kopf umherschwirrte. Die Männer nahmen es gelassen. Meine große Klappe schien sie anzutörnen. Einer von ihnen bat Greg mit auf die Toilette, weil man etwas sehr privates unter vier Augen bereden wollte. Nachdem die beiden zurückkehrten, wurde ich von Greg in ein Nebenzimmer gebeten, weil er etwas mit mir besprechen wollte.

Es fiel ihm sichtlich schwer, mich so direkt zu fragen, aber schließlich tat er es. „Franzy, würdest du für Geld auch Dinge tun, die nicht alltäglich sind?“, rückte er mit der Sprache raus. Innerlich lachte ich. Verbitterung schmeckte ich auf meinen Schleimhäuten. Wie viele Dinge hatte ich bereits in meinem Leben getan, für die ich mich anschließend hätte ohrfeigen können. Mit den Schultern zuckte ich und legte den Kopf schief. Wartete gespannt auf das, was da kommen würde…

Greg war mit einer Bitte an mich herangetreten. Mit einer durchaus ungewöhnlichen. Mit ihm und diesem Widerling, der während des Dinners seine dummen Sprüche an mir ausgelassen hatte, und einem weiteren der anwesenden Herren sollte ich mich einlassen. Zu einem sexuellen Vierer sozusagen. Einer der Herren war schwul und wollte es mit Greg treiben, während ich Vorlieb mit der heterosexuellen Schwätzernase nehmen sollte. Jedermann wollte dem anderen bei dem Spiel, wie

Greg es nannte, auf die Finger gucken, weil es erregend wäre und somit jeder auf seine Kosten kommen würde. Ich glaubte nicht richtig zu hören. Eine Sexorgie also, für die ich herhalten sollte. „Komm Franzy, du bist eine Professionelle, du kannst das oder?“ Greg sah mich eindringlich an. Wie bitter, als ich erkannte, dass ich mich auch in diesem Menschen geirrt hatte. So glaubte ich doch, er wäre der liebe, nette, solide Nachbar von nebenan, wie man so schön sagt. Der war er nicht. Garantiert hatte Greg noch mehr Leichen im Keller, als nur diese, mit Vorlieb Sexorgien zu feiern.

Ich willigte ein. Hatte ich eine andere Wahl?

Wohl kaum.

Kapitel 10

Sexorgien

Das Zimmer, in dem wir uns trafen, nannte sich vornehm Meeting Room. Ob die Hotelbetreiber wohl aufgeklärt waren über das Szenario, dass sich in den Betten des Meeting Rooms abspielte? Die armen Zimmermädchen. Bemerkten sie am Folgetag doch sehr wohl die grässlichen gelblichen Flecken auf den Bettlaken, oder etwa nicht? Mich widerte allein der Gedanke an, das saubermachen zu müssen. Gut, ich war kein Zimmermädchen, ich war die Nutte.

Nein, mir war selten flau im Magen, wenn es um meinen Job ging. Auch dass ich es heute zum ersten Mal mit drei Männern gleichzeitig zu tun haben sollte, jagte mir keine Angst ein. Greg hatte ordentlich Champagner, Sekt und Wodka auf das Zimmer bestellt. Obendrein frisches Obst und mehrere Dosen Sprühsahne. Es sah mir eher nach einem romantischen Abend, statt einer wilden Sexparty aus. „Und du machst genau das, was wir dir sagen, Franzy!“, belehrte mich Greg noch einmal, bevor es losging. Ich hatte ihn fragen wollen, ob ich ihm das auf die Bibel schwören oder an Eides statt versichern sollte. Greg ergriff meine Arme und blickte mich eindringlich an. „Es ist wichtig, dass du befolgst, was man dir sagt!“ „Ja!“, nickte ich zustimmend. Mir schien es, diese Sexorgie würde wichtiger werden als eine Abgeordnetenversammlung zum gedanklichen Austausch der Weltwirtschaftskrise.

Nein, ich hatte keine Angst. Nicht vor Greg, nicht vor dem Hetero, noch vor dem anderen Typen. Was hatten diese Männer schon groß auf dem Kasten, außer mäßiger Intelligenz im Kopf? Großen Schwänzen in den Hosen und ein gefülltes Bankkonto? Im Bett waren sie doch alle die kleinen Jungs oder die bösen Buben, die einer Pussy mal so richtig einheizen wollten.

Allerdings befand ich mich dieses Mal auf einer Veranstaltung, die ich so schnell nicht vergessen sollte. Die Männer entblößten mich gemeinsam, während sie sich ebenfalls auszogen. Jeder legte Hand an irgendeiner Körperpartie des anderen und an meiner Person an. Ein wenig mulmig wurde mir schon, als gleich sechs Hände an mir herumhantierten. Wenn mit denen die Pferde durchgingen…

Die Männer entkleideten sich vor meinen Augen, während ich bereits nackt auf dem Bett lag. Manfred, der Hetero, widmete sich meiner vollen Aufmerksamkeit, als er das letzte Kleidungsstück, seine Unterhose, abgelegt hatte. Er war gut bestückt und untenrum rasiert. Das mochte ich sehr. Je hygienischer die Männer waren, desto angenehmer war der Sex mit ihnen. Vor allen Dingen, wenn ich ihnen einen blasen sollte. Wer mag es als Frau schon, ein ganzes Büschel Haare im Mund zu haben? Erleichtert atmete ich auf und tief durch. Ich hatte nichts zu befürchten. Es würde keine ekelige Angelegenheit werden diese Reise. Entspannt legte ich mich auf den Rücken und ließ Manfred gewähren. Er war entzückt von meinem Körper, das spürte ich gleich. „Du hast da was ganz was Feines ausgesucht, Greg!“, lobte er in leisen Tönen, während er entlang meines Körpers robbte seitlich neben mir auf dem Bett liegend, in dem sich locker zehn Frauen und fünf Männer hätten unterbringen lassen.

Seine Hände berührten meine empfindlichen Körperpartien. Sie zitterten ein wenig. „Und ich darf wirklich mit dir machen, was ich will?“, japste Manfred aufgeregt. Mir schien, als sei für ihn Weihnachten und Geburtstag an einem Tag, er strahlte wie ein Honigkuchenpferd, als ich ihm die Erlaubnis gab, sich an mir auszulassen. Immerhin hatte Greg mich fürstlich entlohnt für die Veranstaltung. Manfred sprühte meinen Bauch und Brüste mit Sahne ein. Immer wieder stöhnte er und griff dabei nervös an sein bestes Stück. Er setzte sich schließlich mit seinem Hintern auf meinen Oberkörper, so dass die Sahne in seiner Arschritze verschwand. Während ich doch in dem Glauben gewesen war, er würde die Sahne von meinen Brüsten lecken und mir dabei ein wohliges Gefühl verpassen, lag ich falsch. Sahne vom Busen naschen, fand ich seit jeher erotisch und so hätte auch ich vom Kuchen etwas abbekommen. Nein, Manfred rieb mit Fingerspitzen die Sahne in seine Afterspalten. Seinen Schwanz schob er in meinen Mund. Ob ich ihn wohl bitten durfte, auch diesen mit Sahne einzusprühen? Auch dies hätte mir größere Freude bereitet, als den blanken Schwanz zu lecken. Manfred war nicht zimperlich. Er schob sein bestes Stück so brutal gegen mein Rachenzäpfchen, dass ich glaubte, ich müsste jeden Moment erbrechen. Das war selten dagewesen, dass jemand so rabiat mit meinem Mund umging.

„Schluck ihn ganz tief!“, raunte Manfred. Immer heftiger bohrte er sein Glied in meinen Rachenraum. Das schwere Gewicht auf meinem Oberkörper des Mannes nahm mir die Luft zum Atmen. Ich glaubte einen Erstickungsanfall zu bekommen. Ich zappelte, und gurgelte, um den

Schwanz loszuwerden. Je unruhiger ich wurde, desto mehr ging Manfred ab. Es erregte ihn, dass ich mit Luftnot zu kämpfen hatte. Plötzlich drückte er meine Gurgel zu. Während ich seinen Schwanz lutschte, vielmehr, mich an diesem verschluckte, weil er viel zu tief in meinen Mandeln steckte, nahm er mir obendrein das letzte bisschen Sauerstoff zum Atmen. Wir blickten uns in die Augen. „Mal sehen wie lange du das durchhältst, du kleine Nutte!“, lachte Manfred. Seine Augen blitzen gefährlich. Meinen Kopf wand ich hin und her. Drehte ihn von rechts nach links in den Kissen. Befreien konnte ich mich nicht. Die Körperlast Manfreds lag viel zu schwer auf mir. Mit den Beinen strampelte ich. Trommelte mit meinen Knien gegen seinen Hintern. Manfred dachte gar nicht daran, von mir abzulassen. Er wurde immer wilder. Bis ich mich schließlich erbrechen musste und mir die braune Suppe aus dem Mund spritzte. Wie eine Fontäne ergoss sich alles über seinem Schwanz und über das schneeweiße Bettlaken. In dem Moment nahm er endlich den vollgekotzten Penis aus meinem Mund. Ich hustete. Würgte. Röchelte. Glaubte zu krepieren. Die Kotze rutschte in meine Speiseröhre zurück. Sie schmeckte nach bitterer Magensäure. Schnell drehte ich mich seitlich, um den Rest des Erbrochenen ausspucken zu können. Manfred stieg von mir runter. Jedoch nur, um mich bäuchlings in die Matratze zu drücken und sich blitzschnell wieder auf mich zu setzen. Ohne mein Analloch ein wenig geweitet oder mit Gleitgel eingecremt zu haben, stach er zu. Unbarmherzig, gefühllos und eiskalt rammte er seinen Schwanz in meinen Hintern. Ein stechender Schmerz durchfuhr meinen Körper. Manfred griff in meine Haare und zog mich an ihnen zu seinem Gesicht. Jedes Mal, wenn ich mit meinem Hinterkopf seinem Mund nahe kam, stieß er mit seinem Schwanz zu. Sein Stöhnen, das Rasseln seines Atems, es war ganz dicht bei mir. „Ich mach dich fertig du kleine Nutte!“, schnabulierte der Typ, während er mich ritt, als sei mein Hintern aus Gummi. Die Schmerzen signalisierten, dass ich in meinem Darm blutete. Der warme Saft, es würde nichts anders als Blut sein. *Nein Franzy, du hast keine Angst. Zeig diesem Schwein jetzt bloß nicht, dass du Angst hast, dann macht der dich fertig.* Nach dem Horrorritt war es noch lange nicht vorbei. Meine Hände wurden über Kreuz hinter meinem Rücken gefesselt und einen Knebel schob der Dreckskerl in meinen Mund. Wo war Greg? Warum half mir niemand? Was lief hier für eine widerliche Nummer? Es glich einer Vergewaltigung, was der Typ mit mir veranstaltete, nichts anderes war es gewesen. Das war gegen die Vereinbarungen! Niemals hatte ich einem Missbrauch zugestimmt. Mit seinem Knie an meinem Rücken drückte der Widerling mich in die Matratze. Widerstand war mir nicht möglich, unfähig war ich, mich zu bewegen. Der Druck des Knies war zu kräftig, als dass ich hätte gegenhalten können. Meine Hände nahm er blitzschnell und innerhalb nur weniger Sekunden waren auch sie gefesselt. Hilflos wie ein Marienkäfer, der auf dem Rücken zappelte, lag ich auf meinem Bauch. Nicht dass es endlich genug war, so band man mir auch noch meine Unterschenkel zusammen. Verschnürte mich wie ein Paket. Ich versuchte ruhig zu bleiben. Zwang mich zum Weiteratmen. Einige Male war es geschehen, dass meine Freier durchdrehten, indem sie plötzlich Dinge mit mir veranstalteten, die gegen die Regeln waren, weil die Hormone in ihnen überkochten. Sie sich augenscheinlich als Superman fühlten oder sich für den Superficker hielten. Gelernt hatte ich in diesen nicht ungefährlichen Situationen, ruhig zu bleiben, keinen Widerstand zu leisten. Die Typen fuhren meist wieder runter, wenn ich mich tot stellte. Je mehr ich zappelte, desto wilder wurden sie. Doch das Szenario hier und jetzt, welches man mit mir veranstaltete, übertraf alles je dagewesene. Hätte ich gewusst, was mich erwartete, ich hätte das Hotel zu Fuß verlassen. Auf dem schnellsten Wege. Von Greg hatte ich den Anschein gewonnen, er wäre ein Ehrenmann. Ein lieber Mensch, der lediglich ein wenig Gesellschaft an seiner Seite spüren wollte, weil er diese in seinem stressigen Leben vermisste. Dass er einer kriminellen Bande des Kinderpornorings angehörte und seine wehrten Kollegen alles Verbrecher waren, mit denen ich zusammen am Tisch gespeist hatte, und mit ihnen anschließend Sexorgien feierte, woher hätte ich das wissen sollen…? Greg und seine angeblichen Geschäftsleute waren eine Art Mafia. Sie verschleppten Kinder und verkauften sie ins Ausland. Männer, die mit jungen, minderjährigen Mädchen intim werden wollten, wandten sich an Greg und seine sogenannte Agentur, über die er inkognito arbeitete. Greg besorgte die Mädchen. Das Schlimmste, die Eltern derer Kinder, die zur Zwangsprostitution gezwungen wurden, waren damit einverstanden, ihre Kinder an diese Verbrecher zu übergeben. Gegen eine ordentliche Summe Geld verkauften sie ihre eigenen Kinder.

Manfred hatte eine Überraschung für mich, wie er es nannte, als er in einem der Nebenzimmer verschwand und mich achtlos auf dem Bett zurück ließ. Aus dem Badezimmer vernahm ich merkwürdige Laute. Greg! Er und sein Mitspieler trieben es scheinbar unter der Dusche. Das angeregte Stöhnen der Männer war nicht zu überhören. Mit Worten konnte ich mich nicht verständlich machen, der Knebel in meinem Mund hinderte mich daran. So gab ich hilflose, murrende Geräusche von mir. Jedoch kam niemand, um nach mir zu sehen. Meine Hände waren bereits taub, weil das Seil viel zu stramm um meine Gelenke gezogen worden war. „Ich bin gleich wieder da und dann bringe ich dir eine Überraschung mit!“, euphorierte Manfred im Fortgehen.

Als Martin zurückkam, hatte er eine Peitsche besorgt. Eine Lederpeitsche, mit der man ein Pferd schlägt, um es zu bestrafen. Oder eben, um es zu animieren, schneller zu laufen. Mit dieser peitschte Manfred ohne Vorwarnung meinen Rücken aus. „Überraschung!“, schrie er, während er wild und ungehemmt drauflos schlug. Niemals zuvor war ich ausgepeitscht worden. Schmerzhaft erinnerte ich mich an Gregs Worte. Ich hatte zu tun, was man von mir verlangte. Dafür war ich bezahlt worden. Tränen schossen in meine Augen. Die Schmerzen waren kaum zu ertragen. Manfred schlug erbarmungslos. Ohne Gnade. Er wütete mit der Peitsche in seinen Händen wie ein verrücktgewordener Sadist. Grausam ließ er sie über mein Fell, wie er meinen Rücken nannte, tanzen. Fester, härter und für mich nicht mehr zu ertragen. Ich glaubte ohnmächtig zu werden. Nachdem Manfred bemerkte, dass meine verzweifelten Bewegungen, mich aus der Zwangslage zu befreien, beständig schwächer wurden, hörte er auf. Aus Sorge wahrscheinlich, ich könnte tatsächlich ohnmächtig werden. Er nahm mir Fesseln von Händen und Füssen. Den Knebel in meinem Mund entfernte er nicht. Er drehte mich lieblos auf den Rücken. „Wag es nicht, dir den Knebel aus dem Mund zu nehmen! Ich habe keine Lust mich mit dir zu unterhalten, wir sind hier nicht im Gespräch, wir sind in einem sexuellen Lustspiel und Spielverderber mochte ich noch nie leiden!" Aha, innerlich lachte ich. Manfred wusste also genau, dass ich ihm die Meinung gesagt hätte. Dass ich ihn angeschrien hätte, wie er es wagen konnte, die Peitsche gegen mich zu erheben. Dieses Spiel hatte er garantiert etliche Male mit anderen Frauen vollzogen. Immer dieselbe Nummer. Wehrlose Opfer. Sie zu vergewaltigen, ihre Angst zu riechen brachte ihn in sexuelle Wallung und zum Höhepunkt.

Hoffentlich waren wir endlich fertig mit der Prozedur. Mein einziger Gedanke, dass es endlich aufhören sollte. Nein, es war an diesem Tag noch lange nicht zu Ende. Greg und sein Spieler stolzierten aus dem Badezimmer. Frisch geduscht. Der ganze Raum roch nach Duschgel. Über meinen Augenlidern lag eine bedrückende Schwere. In meinem Kopf kreiste die Angst. Würden sie mich umbringen? Mich töten, erledigen und irgendwo entsorgen? „Hast du es ihr gegeben, Manfred?“. Greg zwinkerte Manfred ein Auge. „Ja und wie, herrlich! Leider hätte sie bald schlappgemacht die freche Nutte, da mussten wir unser kleines Spiel kurzzeitig unterbrechen, aber wir haben ja noch eine Vorderseite, die ich bearbeiten kann!“ Manfred grinste mich an. Mit seinen schmierigen Händen streichelte er meine Brüste. Meine Augen schloss ich. Träumte mich an einen anderen Ort. Was geschehen würde, ich ahnte es. Meine Brüste würde er auspeitschen. Ein lustvolles Spiel für Männer, die ein gestörtes Verhältnis zu ihren Müttern von Kind auf an pflegten. Manfred war bestimmt psychisch sehr krank. Mir tat es leid, dass auch er eine verkorkste Kindheit hinter sich hatte. Ganz bestimmt hatte er das, sonst würde er niemals so grausam mit Frauen umgehen. Jedoch, was konnte ich dafür, dass man ihn als Kind bestraft hatte? Warum war es meine Schuld? Warum sollte ich es ausbaden? Manfred holte tief Luft, als er zum ersten Schlag ausholte. Während ich die Zähne zusammenbiss und so fest ich konnte, auf den Mundknebel biss, dachte ich an Spanien. An den Sonnenaufgang. An den

Untergang. An das Meer. Türkisfarben glitzerte es im Schein des hellen Lichts. In Spanien schien jeden Tag die Sonne. Wenn ich irgendwann eine alte Frau war, ging ich nach Spanien. Kaufte dort ein hübsches Häuschen in Standnähe. Der nächste Schlag traf meine Brüste. Die Fischerhütte, dort wo Wolfgang und ich uns so zärtlich geküsst hatten. Sie schimmerte am Horizont. Durch die Hitze nahm ich verschwommene Bilder wahr. Wenn über dem Asphalt die Straßen dampfen, weil die Sonne so heiß brennt. Dieses Flackern vor den Augen. Aber ich sah sie. Die Hütte. Gleich würde ich sie erreichen. Wolfgang wartete dort. In meinen Gedanken malte ich mir die schönsten Bilder aus. Manfred war im Rausch. Im Auspeitschrausch. Er schlug und schlug. Schneller und schneller. Meine Brüste brannten wie Feuer. Er traf die empfindlichen Brustwarzen. Wie es ihm gelang, das Bändchen der Peitsche um die kleinen Nippel peitschen zu lassen, ich weiß es nicht. Wahrscheinlich die Routine. Er war ein Meister in dem was er tat, wie er es tat und er verstand sein Handwerk ausgezeichnet. Mein Körper brannte lichterloh. Vor Schmerz, vor Pein und vor Scham. Da glaubten diese Schweine doch tatsächlich, nur weil ich eine Nutte war, durften sie mit mir anstellen, was sie wollten. Dachten sie nicht daran, dass ich kein Gegenstand war, sondern ein Mensch mit Gefühlen? Dass ich Schmerzempfinden besaß? Niemand von ihnen.... Greg und sein Homofreund gesellten sich zu uns. Sie lachten mich aus, während Manfred nicht aufhörte, mich halb totzuschlagen. „Ich weiß genau, warum ich an Frauen nichts finde!", lachte Greg dreckig. Plötzlich erkannte ich diesen Menschen in einem ganz anderen Licht. Er gab jedoch keinerlei Begründung für seine widerliche Feststellung ab.

Manfreds Ausdauer löschte mir beinahe wirklich die Lichter aus. Er wurde nicht müde, mich zu foltern. Als er die Peitsche endlich beiseitelegte, verlangte er, dass ich mich auf seinen Bauch legen sollte, damit er meine blutenden Brüste lecken konnte. Aus lauter Not und Verzweiflung tat ich auch das noch. Setzte mich auf seinen Unterleib, stützte die Arme seitlich in die Matratze und führte meine Brüste zu seinem Mund. „Ich verarzte dich jetzt!", fauchte Manfred. Er schleckte das Blut von meiner Haut. Für einen Moment erinnerte ich mich an den Toilettensklaven, mit dem ich damals meine ersten Erfahrungen in Sachen Blut und finanziellem Gewinn gemacht hatte. Wenn ich meine Periode hatte, wollte er meine vollgesogenen Tampons lutschen. Er bezahlte gut für seine perverse Neigung. Jedoch hatte er mich nicht geschlagen. Zwischen meinen Schenkel schlabberte er das Blut, nachdem ich den Tampon wechseln musste. Leckte alles sauber. Manfred hingegen hatte mir die Verletzungen zugefügt und nannte es ein verarzten, wenn er sich anschießend um meine Wunden kümmerte. Den Knebel löste er noch immer nicht. Nachdem er meine Brüste saubergeschleckt hatte, verlangte er, dass ich seinen Penis zum Orgasmus blies. Zuvor steckte er seine Finger in meine Mundhöhle. „Komm zeig mir erst mal, was du drauf hast, kleine Nutte!“ An seinen Fingern sollte ich lutschen und saugen. Er befahl mir, wie er es mochte. Fest, hart und mit den Zähnen zubeißend. Die Vorhaut bis zum Anschlag zurückziehen und immer wieder mit der Zunge die Eichel umfahrend. Während ich dies tat, fingerte er mein Poloch. Zu Gott betete ich, es möge bitte endlich vorbei sein. Es war nicht vorbei.

Selbst nachdem Manfred mit mir fertig war, rollte er sich mit den Worten zur Seite: „Ich schließe für einen Moment die Augen und gleich bin ich wieder für dich da, Prinzesschen!“ Einen Orgasmus hatte ich ihm beschert. Geblasen hatte ich, was mein Mund hergab. Sollte es doch bitte vorbei sein. Dass ich es mit Wehmut getan hatte, ohne Freude, aus purer Not und Verzweiflung, das spielte für Manfred keine Rolle. Es erregte ihn scheinbar umso mehr, wenn er wusste, wie tief meine Abneigung gegen ihn war. Warum auch immer und durch welches Trauma diese Eigenschaften in ihm hervorgeholt worden waren.

Greg und sein Homofreund befriedigten sich mit dem Vibrator. Führten ihn abwechselnd mal in den einen Hintern, dann in den anderen ein. Während sie wechselten, sollte ich den Vibrator säubern. Mit meinem Mund den kotverschmierten Gummizug lutschen. Den Knebel entfernten sie. Nachdem sie das Spielchen bis zu meinem Erbrechen wiederholten, verlangten sie, dass ich mir den Vibrator in meine Scheide einführte. Allerdings, ohne ihn vorher zu säubern. Auch dies tat ich. Ich war längst tot. Emotional gestorben. Mein Körper glich einer leblosen Hülle. Mein Herz schlug gnadenlos in dieser, während meine Seele weinte und vor Schmerzen schrie. Niemand hörte meine Schreie. Niemand wollte sie hören. Ach hätte Manfred doch nur die Peitsche ein letztes Mal gegen mich erhoben und mich mit ihr totgeschlagen. Solange, bis ich bewusstlos wurde und immer weiter, bis mein Herz endlich aufhörte zu schlagen.

Alles hat irgendwann ein Ende. So auch dieser Tag, an dem ich drei irren Sadisten zum Opfer gefallen war. Drei Männer, die gemeinsame Sache machten. Nicht einmal die Woche, nicht zwei Mal, wahrscheinlich taten sie es auch drei Mal oder noch öfter, sich an einem wehrlosen Opfer auszulassen. Nachdem ich mich frischgemacht hatte und vor Schmerzen kaum noch aufrecht stehen, geschweige denn gehen konnte, klopfte Greg mir freundschaftlich auf die Schulter. „Du hast dein Wort gehalten, Franzy! Dafür sollst du belohnt werden!" Greg hatte bereits 500 Mark an mich bezahlt für meinen Sondereinsatz. Vor meiner emotionalen Hinrichtung. Eine gemeinschaftliche Vergewaltigung war in unserem Tagesprogramm nicht eingeplant gewesen und fiel somit unter Extras. Er legte noch mal einen 500 Markschein drauf. Gedanklich schwor ich mir, dass ich sobald er das Zimmer verließ, oder ich gehen durfte, meine Sachen zusammenpackte und mich vom Acker machte. Für Greg würde ich keine Minute länger zu Diensten stehen. Die Gefahr, in der ich mich befand, war mir klar.

Zuhause warteten wahrscheinlich der Clubbesitzer von Susanne auf mich und seine Spione. Wenn ich mich gegen Greg stellte, würde auch er versuchen, mich platt zu machen. Mit plattmachen kann man durchaus sagen, dass ich den Menschen zutraute, dass sie mich umbrachten. Die hohen Herren in der Rotlichtszene besitzen alle ein Leben außerhalb. Ein völlig normal erscheinendes Leben für einen Außenstehenden. Sie haben zumeist Familie und Kinder. Gehen regelmäßig zur Arbeit und führen ein gefährliches Doppelleben. Sie sind umgeben von einem System, das sie als relativ sicher betrachten. Geschützt werden sie von anderen Hintermännern. Wenn dieses System ins Wanken gerät, weil eine kleine dreckige Nutte wie ich vielleicht bei der Polizei auspackt, laufen sie Gefahr, dass alles zusammenbricht.

Es gab immer Menschen, Bosse, die über den standen, mit denen ich es zu tun hatte. Das bedeutete, Greg war wahrscheinlich auch nur ein Handlanger von irgendwem. Wenn er verhaftet worden wäre, liefen die anderen in der Dynastie des Verbrechens Gefahr, ebenfalls aufzufliegen. Deshalb war es manchmal einfacher, unwichtige Menschen, die vielleicht hätten auspacken können, sofort zu eliminieren. Sich ihnen zu entledigen. Ich wusste genau, wie die Geschäfte liefen. Geboren worden war ich in dem Sumpf dieser Szene. Meinen Mund hielt ich. Suchte kein Streitgespräch. Vermied jegliche weitere Provokation. Mein Leben war mir lieb. Man ließ mich gehen…Mit den Worten, dass bald wieder ein Job zu erledigen wäre und man sich melden würde… So wie immer…Man tat, als wäre nichts geschehen. Alles lief mit rechten Dingen. In ihren Augen. In meinen war ich soeben dem Eingang der Hölle noch einmal mit einem blauen Auge davongekommen. Fort! Einfach fort! In Eile packte ich meine Sachen zusammen und beobachtete den Parkplatz. Aus meinem Fenster konnte ich diesen gut einsehen. Ich wartete, bis sich die schwarze Limousine von Greg auf den Weg machte. Zu meinem Glück sah ich Manfred und den anderen Typen ebenfalls in Gregs Auto einsteigen. Sie fuhren davon.

Instinktiv überlegte ich, ob es Sinn machte, eine neue Identität anzunehmen.

Das Haus in Spanien… wäre vielleicht meine Rettung gewesen. Jedoch hatte ich nicht genügend Geld. Und wenn ich mich dort irgendwie durchboxte? Die Idee hielt ich für gar nicht mal verkehrt angesichts meiner dramatischen Lage.

In meinem Leben war ich an einen Punkt gelangt, an dem ich tatsächlich um mein Leben bangen sollte.

Mit Remo im Schlepptau verließ ich das Hotel. Das Hotel des Grauens…das Hotel der sadistischen Erinnerungen.

Später hatte ich mal einen Horrorfilm gesehen. „Hostel“. Ich sage nur, die Dinge, die dort gezeigt wurden, sind gar nicht so unrealistisch.

Ich habe es selbst erlebt.

Kapitel 11

Sehnsucht

Mit einem Taxi ließ ich mich nach Hause fahren. Wo sollte ich hin, wenn nicht in meine Wohnung? Der Fahrer hinter dem Steuer spürte meinen desolaten Zustand sehr genau. Mitleidsvoll warf er immer wieder Blicke in den Rückspiegel und fragte, ob alles in Ordnung sei mit mir. Was hätte ich ihm erzählen sollen? Die Wahrheit? Was ging ihn das an, was ich für ein beschissenes Leben führte. Dabei war ich selbst verantwortlich für mein Tun, Denken und Handeln. Ich hätte es anders haben können in diesem Leben.

Wenn ich eine Ausbildung absolviert hätte und nicht immer wieder zum Straßenstrich zurückgekehrt wäre. Nicht den Drang in mir verspürt hätte, viel Geld verdienen zu müssen, um meinen Lebensstandard halten zu können. Irgendwas war auch in meinem Schädel nicht richtig programmiert worden. Es hätte durchaus gereicht, mit weniger Geld auszukommen. Ich hätte Kellnern gehen können. Oder in die Küche zum Tellerspülen.

Meine Wohnung war aufgebrochen worden. Das Schloss gab sofort nach, während ich den Schlüssel in ihm drehte. Ängstlich schickte ich Remo vor. Wenn er nicht bellen oder knurren würde, wusste ich, dass sich zumindest niemand Unwillkommenes mehr in ihr aufhielt. Die Luft war rein. In meiner Wohnung herrschte das Chaos. Sämtliche Schränke und Schubladen waren durchwühlt worden. Wonach man gesucht hatte, darauf konnte ich mir keinen Reim machen. Mein Instinkt signalisierte, die Polizei zu verständigen, wegen Einbruchs.

Diebstahl… In der totalen Verwüstung musste ich erst einmal den Durchblick finden, ob man mir tatsächlich irgendetwas entwendet hatte.

Auf Anhieb würde sich das gar nicht feststellen lassen.

Wenn ich mich heute erinnere, wie gelassen und gefasst ich das Drama damals aufnahm, dass ich dem völligen Nichts gegenüberstand, in meiner auseinandergenommen Wohnung und in der Angst lebte, dass mich jemand umbringen wollte, es ist nicht zu fassen. Woher nahm ich die Kraft?

Aus dem Baumarkt besorgte ich ein neues Türschloss. Räumte in den folgenden Tagen meine Wohnung auf.

Schaffte wieder einigermaßen Ordnung. Wo sollte ich hingehen? Ich musste hierbleiben, wenn ich nicht auch obdachlos werden wollte. Ich konnte ja nicht einfach fortgehen und meine Wohnung zurücklassen. Immerhin gehörte sie mir, sie war mein Eigentum. In ihr sollte ich bis ans Ende meiner Tage leben. Das war Paul damals sehr wichtig gewesen. „Franzy, du musst zusehen, dass dein Hintern an der Wand bleibt!“, hatte er mir einen gutgemeinten Rat auf meinen weiteren Lebensweg mitgegeben.

Wenige Tage später klingelte es mitten in der Nacht an der Wohnungstüre. Senkrecht schreckte ich aus dem Bett. Remo bellte. Es klang böse. Der Hund spürte genau, dass ich in Gefahr war. Meine Anspannung, meine Sorgen, einem Tier können wir unsere Gefühle nicht verheimlichen. Entsetzt sah ich auf die Uhr. Kurz nach drei. Ich zog den Morgenmantel über und schritt leise in den Flur. „Wer ist da?“, rief ich ängstlich. Dass ich Angst hatte, wollte ich mir nicht anmerken lassen. Deshalb verstellte ich meine Stimme. Nervös krallte ich nach dem nächstbesten Gegenstand, mit dem ich dem Eindringling gleich eins hätte überbraten können. „Ich bins Franzy!“, zaghaft sprach eine Frauenstimme hinter der Tür. Susanne… „Susanne?“ „Ja, bitte lass mich rein!“ Natürlich öffnete ich die Tür. Genauso schnell wie ich sie aufgezogen hatte, schloss ich sie jedoch auch gleich wieder. „Mir ist niemand gefolgt. Keine Sorge!“, japste

Susanne nach Luft. Sie schien gerannt zu sein. Ganz außer Puste war sie.

„Franzy, es tut mir alles so leid!“ Susanne blickte mich an mit diesem Blick in ihren Augen, mit dem es ihr einige Male gelungen war, mich zu verführen. Nein, dieses Mal würde ich nicht schwach werden. „Was willst du?“, fragte ich ungehalten, während ich in die Küche schlenderte und auf den Knopf der Kaffeemaschine drückte. Meine Arme stemmte ich in die Hüften, um gleich mal klarzustellen, dass Schluss mit Lustig war. „He, was habe ich dir getan, Franzy?“ Susanne setzte ihr Unschuldsengelgesicht auf. „Du wolltest dich nicht lösen aus dem Drecksgeschäft um dir mit mir ein Leben aufzubauen“, stellte ich die Angelegenheit klar. Sofort war sie wieder da. Die unbändige Wut. Ich liebte Susanne. Glaubte ich zumindest. Sie hatte mich enttäuscht. Bitter enttäuscht. „Herrgott Franzy, wir beide wissen doch genau, dass wir aus dem Geschäft nicht herauskommen! Du weißt es genauso gut wie ich. Wir brauchen diesen Kick, er hält uns am Leben. Wir kennen es doch gar nicht anders. Wie sollen wir bitteschön leben und wovon? Wir haben beide nichts gelernt, keine Ausbildung, wie ernähren wir uns?“ „So naiv kannst du nicht sein Susanne!“, antwortete ich. „Was hat das mit naiv zu tun? Naiv bist du Franzy! Weil du glaubst, dass wir uns irgendwie über Wasser halten können und von Luft und Liebe leben, ohne arbeiten zu gehen, das ist jedoch unmöglich!“ „Ich habe den Führerschein gemacht, besitze eine eigene Wohnung und ich finde auch garantiert einen richtigen Job, wenn man mir die Zeit lässt und mir die Möglichkeit gibt, mich zu beweisen, Susanne!", protestierte ich. Plötzlich schritt Susanne auf mich zu, nahm mich in ihre Arme und drückte mich ganz fest an ihre Brust. „Ach Franzy, ich habe dich doch auch so lieb!", schluchzte sie verzweifelt.

Die Nacht blieb Susanne bei mir. Wir lagen zusammen im Bett und erzählten uns Geschichten. Ich erzählte ihr von meinem Traum mit dem Haus in Spanien. Sie erzählte von dem Wunsch, ihre Familie aufzusuchen. Ihre Geschwister wiederzusehen. Wir hatten doch beide so viele Träume…An meinem Hals hing der Anhänger. Niemals hatte ich ihn abgelegt. Den Schutzengel. „Weißt du noch, als du mir den Anhänger geschenkt hast?" Susanne nickte. „Ich musste damals fortgehen, weil das Leben auf mich wartete, Franzy. Und es war gut, dass ich gegangen bin. Meine Erfahrungen musste ich machen, sie gehörten dazu. „Ich glaubte damals, dich niemals wiederzusehen, Susanne!" Es sind über zehn Jahre vergangen. Während du aus meiner Kindheit völlig verschwunden warst, tauchst du genauso aus dem Nichts heraus wieder auf!" Susanne gab mir einen Kuss auf meine Stirn. „Was zusammengehört, dass kommt auch zusammen, kleine Franzy! Immer wieder!" Blitzschnell stürzte ich mich auf Susannes wunderschönen Körper. Blickte in ihre fantastischen Augen, die es mir so sehr angetan hatten. Drückte ihre Handgelenke in die

Matratze, damit sie meinen Bewegungen keinen Widerstand leisten konnte. Zärtlich küsste ich ihre sinnlichen Lippen. Sie erwiderte meine Küsse. Nur zu gern tat sie das. „Ich möchte dich niemals wieder verlieren, Susanne!“, flüsterte ich. Susanne nahm meinen Anhänger in ihre Hände. Den Schutzengel. Er baumelte direkt vor ihrer Nase. „Du hast ihn tatsächlich nicht einmal abgelegt?“, fragte sie erstaunt. Meine Antwort küsste ich ihr auf die Brüste. Mein Herz, es sehnte sich so sehr nach Liebe. Ehrlicher Liebe, einer Liebe, für die man nicht bezahlen und keine Leistung erbringen musste. „Liebe gibt nichts als aus sich selbst heraus!“, sinnierte ich. „Das ist von Friedrich Schiller!“, lachte Susanne. Wir waren uns so ähnlich. Wir waren füreinander bestimmt. Warum konnten wir uns nicht an den Händen nehmen, durch die Nacht laufen und für immer glücklich sein? Warum nicht? Susanne blieb den nächsten Tag bei mir. Nichts trieb oder drängte sie zum Aufbruch. Wir lachten, alberten herum, hatten herrlichen Sex miteinander und waren ausgelassen, als gäbe es keine Grenze zwischen dem, was wir uns wünschten und dem, was möglich war. Wir sprachen nicht über Susannes Arbeit. Zu gern hätte ich sie gefragt, ob sie weiterhin in dem Club arbeiten wollte, oder ob es doch noch Hoffnung gab, dass wir beide zusammen durchbrannten oder wie auch immer. „In meiner Wohnung hat man eingebrochen, ich werde hier nicht mehr lange bleiben können, ich bin hier nicht mehr sicher!“, sagte ich melancholisch.

Susanne setzte ein besorgtes Gesicht auf. „Hast du eine Vermutung, wer es war?“, nahm sie Anteil. „Mich hat aus dem Club, in dem du arbeitest, so ein Typ verfolgt und ich habe dem Chef in die Eier getreten!“ Sie werden mich früher oder später suchen, um sich an mir zu rächen, Susanne! Ich dachte eigentlich, dass sie dich über die Angelegenheit informiert hätten, immerhin arbeitest du dort und sie wissen, dass wir beide was am Laufen haben!“ Susanne schüttelte den Kopf. „Wahrscheinlich haben sie mir nichts gesagt, weil sie nicht riskieren wollten, dass ich fortgehe und den Job hinschmeiße!“ „Der Chef ist sehr zufrieden mit dir, das hat er mir gesagt!“, lachte ich sarkastisch. „Franzy, wenn das wahr ist, was du gesagt hast, dann werden sie dich töten!“ Susanne verzog ihr Gesicht zu einem erschreckenden Eindruck. So ernst hatte ich sie nie zuvor, solange ich sie kannte, gesehen. „Wer sich mit dem Chef anlegt, ist ein toter Mensch, Franzy! Du weißt ja gar nicht, mit wem du es da zu tun hast! Der Greg, der dort immer herumläuft, die stecken beide unter einer Decke. Sie ziehen Kinder ran, minderjährige Mädchen. Verkaufen sie nach Russland und nach Tschechien. Ich habe Unterlagen gesehen und Telefongespräche mit angehört. Das ist ein riesiger Pornoring, der es mit Kindern treibt. Dort sitzen Männer, die mächtigsten dieser Stadt mit im Boot. Wer sich aus dem System ausklinken will, bezahlt das unter Umständen mit seinem Leben. Wenn ich gehe, werden sie mich suchen, Franzy. Denn sie wissen, was ich weiß. Dass es Schweine sind, die an den Pranger gehören! Sie werden mein Maul stopfen, damit ich meinen Mund nicht aufmache!“ Mein T-Shirt zog ich hoch. In den dunklen Nächten, in denen wir uns hingegeben hatten, hatte Susanne meine Wunden nicht sehen können. Susanne wurde bleich vor Schreck. Sanft streichelte sie über die Striemen und verkrusteten Stellen, an denen man mich ausgepeitscht hatte. „Wer war das?“, fragte sie traurig. „Greg und seine Mitspieler!“, antwortete ich seufzend. „Franzy, du musst fort von hier und das ganz schnell, bitte!“ Susanne nahm meine Hand, drückte sie so fest, dass ich glaubte, sie würde sie zerquetschen wollen. „Verkauf die Wohnung! Geh fort! Fang irgendwo neu an, wenn du leben willst!“ Ich nickte. Susannes Worte waren nichts Neues für mich. Mit dem Gedanken hatte ich mich die letzten Tage bereits herumgeplagt. Aber sollte ich alles hinter mir lassen? Meine kleine Schwester Jolene, meine Liebe zu Susanne, meine Wohnung? Ich würde alles verlieren…Alles was mir lieb war. „Du hast ein Auto, du setzt dich morgen in dein gottverdammtes Auto und verschwindest von hier! Die Wohnung kann ein Makler verkaufen, Franzy!“ „Bitte komm mit mir mit!“ Sanft streichelte ich Susannes Arm, in der Hoffnung sie endlich überreden zu können. „Bitte!“ Diese Sehnsucht nach Liebe, sie war nicht zu stillen in meinem Herzen, schien es…

Kapitel 12

Ein neuer Anfang

Susanne hatte die ganze Nacht auf mich eingeredet. Wie wichtig es wäre, dass ich sofort an einen Ort verschwand, von dem niemand wusste, wo er lag. „Was wird aus dir?" So getraute ich mich kaum, diese Frage zu stellen. Irgendwie sprachen wir gar keinen Klartext in den Worten und Sätzen, die doch eine so wichtige Bedeutung für uns hatten. Weil wir uns nicht trauten. Angst vor der Wahrheit hatten wir. Susanne gestand mir in dieser Nacht ihre Liebe. Ich glaubte ihr. Das was sie Liebe nannte und wie sie es mir gezeigt hatte, war nicht anzuzweifeln. Die Gründe, warum es für uns keine Zukunft gab…waren für mich niemals wirklich nachzuvollziehen. Wahrscheinlich war es Susannes Angst vor ihrem Zuhälter. Die Angst, Sterben zu müssen. Niemand von uns beiden dachte in dem Augenblick, was aus Susanne wurde, wenn sie zurückblieb. Während ich in dem festen Glauben gewesen war, dass sie mich verraten hatte, so war sie gar nicht im Bilde gewesen über den Vorfall aus dem Club und auch nicht darüber, dass Greg mich in ein Hotel verfrachtet und mich dort mit seinen Freunden vergewaltigt hatte. Sie dachte, ich wäre irgendwo untergetaucht und würde auch genauso wieder auftauchen. War es doch bei uns scheinbar ein ständiges hin und her. Die Zeit spielte gegen mich. Wahrhaftig musste ich mich auf den Weg machen…

Wir räumten die wichtigsten Sachen zusammen. Persönliche Dinge, Erinnerungen. Tagebücher, Fotos meiner Mutter, Fotoalben, die wenigen, die sich angesammelt hatten in meinem tristen Leben. Verstauten all das Wichtigste in meinem klapprigen Ford Fiesta. „Wo soll ich denn nur hin, Susanne?", fragte ich zögerlich. Einen Plan oder so etwas hatte ich nicht im Ärmel. „Fahr einfach dorthin, wo dich der Weg hingeleitet", philosophierte Susanne. „Also immer der Nase lang", flachste ich und wir lachten beide. „Wenn es irgendwann einmal möglich sein wird, komme ich nach! Wo immer du auch bist, Franzy", verlegen blickte Susanne zu Boden. „Kein Weg wäre mir zu weit!" Gerührt wischte ich eine Träne aus ihrem Augenwinkel. Wenn ich doch vor mehr als zehn Jahren gedacht hatte, Susanne niemals mehr wiederzusehen, so wollte ich dieses Mal von ihr gehen in dem Glauben, dass alles gut werden würde. Wir gehörten zusammen. Wir hatten uns nur noch nicht zur richtigen Zeit getroffen. So mussten unsere Herzen noch einmal wieder Abschied nehmen. Remo verfrachtete ich auf den Rücksitz und warf meine letzte vollgepackte Reisetasche neben den Hund auf die Rückbank. Mich von Susanne zu trennen, fiel mir so ungemein schwer. Sie war meine Liebe… und es schien so sinnlos, sie nicht Tag und Nacht bei mir haben zu können. Wir umarmten uns ein letztes Mal zum Abschied. „Nicht weinen, Franzy", wir sehen uns wieder, bestimmt!", lachte Susanne unter Tränen. Es war nicht zu ändern. Weinend setzte ich mich hinter das Steuer des

Autos und startete den Motor. Blickte noch einmal in den Rückspiegel und sah, wie Susanne dem nachfahrenden Auto winkte. Die Tränen liefen durch mein Gesicht und verschleierten meinen Blick. Völlig aufgelöst war ich. Es schmerzte sehr, Susanne zurückzulassen.

Von Jolene verabschiedete ich mich auf unbestimmte Zeit. Sie verstand mich nicht. Für mein Leben hatte sie keinen Ausdruck, mit dem sie ihr Gewissen hätte beruhigen können, dass bei mir, ihrer Schwester alles in Ordnung sei. Sie spürte meinen Kummer. Jedoch wollte ich ihr von all dem Mist, dem Dreck, der mich umgab nichts erzählen. Ich log, dass ich für eine gewisse Zeit einfach mal einen Tapetenwechsel brauchte und zu Freunden aufbrach. Jolenes Pflegemutter beäugte mich kritisch, während sie meinen gelogenen Worten lauschte. Sie hatte mir einen Kaffee serviert und das Gespräch zwangsläufig mitbekommen. „Alles in Ordnung bei dir, Franzy?“, fragte sie mitfühlend. Stumm nickte ich. Wenngleich ich lieber in Tränen ausgebrochen wäre. Irgendwann kommen dir keine Tränen mehr. „Wenn du Hilfe brauchst, wir stehen auch dir gern zur Seite!“ Die Worte der Pflegemutter meiner kleinen Schwester taten so unendlich gut. Sie legten sich wie ein wärmendes Trostpflaster über meine geschundene Seele. Fest drückte ich Jolene an mich mit den Worten: „ Wir sehen uns wieder, meine kleine Schwester! Bis bald!“

Mit dem Auto fuhr ich gen Süden. Sicher fühlte ich mich nicht. Im Gegenteil. Verlorenheit schoss durch meine Venen. So wusste ich gar nicht, wohin die Reise ging.

Keine Verwandten, keine Freunde, wo sollte mich der Weg hinführen?

Mein letztes Geld würde für ein paar Tage reichen um mir irgendwie, irgendwo ein neues Leben aufzubauen? Welch eine Ironie des Schicksals!

Sollte es nicht ausreichen, so konnte ich immer noch meine Kleidung ablegen.

Mich ausziehen für Geld, um überleben zu können. Ich, die vergessene Frau…

Printed in Poland
by Amazon Fulfillment
Poland Sp. z o.o., Wrocław

51381873R00085